INTERFACES E TENDÊNCIAS DA COMUNICAÇÃO

NO CONTEXTO
DAS ORGANIZAÇÕES

Ivone de Lourdes Oliveira
Ana Thereza Nogueira Soares
(orgs.)

INTERFACES E TENDÊNCIAS DA COMUNICAÇÃO

NO CONTEXTO DAS ORGANIZAÇÕES

2ª edição

Copyright © 2008 Difusão Editora e Editora Senac Rio.
Todos os direitos reservados.

Proibida a reprodução, mesmo que parcial, por qualquer meio e processo, sem a prévia autorização escrita da Difusão Editora e da Editora Senac Rio.

ISBN: 978-85-7808-116-4
INTET25I1E2

Editoras	Michelle Fernandes Aranha e Elvira Cardoso
Coordenação editorial	Genilda Ferreira Murta e Gabriela Feitosa Torres
Preparação e revisão	Waldemar Luiz Kunsch e Cláudia Amorim
Projeto gráfico e editoração	Farol Editorial e Design
Capa	Matuza Ruiz, com ilustração da StockXpert

Impresso no Brasil em dezembro de 2011

Dados Internacionais de Catalogação na Publicação (CIP)
(Câmara Brasileira do Livro, SP, Brasil)

Interfaces e tendências da comunicação no contexto das organizações / Ivone de Lourdes Oliveira, Ana Thereza Nogueira Soares, organizadoras. -- 2. ed. São Caetano do Sul, SP : Difusão Editora; Rio de Janeiro: Editora Senac Rio, 2011.

Bibliografia.
ISBN 978-85-7808-116-4

1. Comunicação nas organizações I. Oliveira, Ivone de Lourdes. II. Soares, Ana Thereza Nogueira.

11-12437   CDD-658.45

Índices para catálogo sistemático:
1. Comunicação organizacional : Administração de empresas 658.45

SISTEMA FECOMÉRCIO-RJ
SENAC RIO
Presidente do Conselho Regional: Orlando Diniz
Diretor do Senac Rio: Julio Pedro
Conselho Editorial: Julio Pedro, Eduardo Diniz, Vania Carvalho, Wilma Freitas, Manuel Vieira e Elvira Cardoso

Editora Senac Rio
Rua Marquês de Abrantes, 99/2º andar – Flamengo
CEP 22230-060 – Rio de Janeiro – RJ
comercial.editora@rj.senac.br – editora@rj.senac.br
www.rj.senac.br/editora

Difusão Editora
Rua José Paolone, 72 – Santa Paula – São Caetano do Sul, SP – CEP 09521-370
difusao@difusaoeditora.com.br – www.difusaoeditora.com.br
Fone/fax: (11) 4227-9400

Sumário

Prefácio 9

Prólogo 13

Primeira Parte
　EXPLORANDO AS INTERFACES DO CAMPO DA COMUNICAÇÃO

1 Interfaces do saber comunicacional
e da Comunicação Organizacional
com outras áreas de conhecimento 21
Maria Ângela Mattos

2 Comunicação das organizações:
da vigilância aos pontos de fuga 43
Antônio Fausto Neto

3 Organização e visibilidade político-midiática:
considerações preliminares 69
Teresinha Maria de Carvalho Cruz Pires

Segunda Parte
LINGUAGEM, SENTIDO E INTERAÇÕES
NO CONTEXTO DAS ORGANIZAÇÕES

4 Comunicação Organizacional ou comunicação
no contexto das organizações? 85
Julio Pinto

5 Comunicação no contexto das organizações:
produtora ou ordenadora de sentidos? 95
Ivone de Lourdes Oliveira
Carine F. Caetano de Paula

6 Possíveis contribuições do paradigma relacional
para o estudo da Comunicação no
Contexto Organizacional 113
Fábia Lima

Terceira Parte
COMPLEXIDADE E COMUNICAÇÃO ORGANIZACIONAL:
INTERFACE EMERGENTE

7 Notas sobre a complexidade nas organizações
e nas ciências sociais 135
Euclides Guimarães

Sumário

8 Comunicação Organizacional: uma reflexão possível
com base no paradigma da complexidade..........................153
Rudimar Baldissera

Epílogo
COMUNICAÇÃO ORGANIZACIONAL
E PERSPECTIVAS METATEÓRICAS:
INTERFACES E POSSIBILIDADES DE DIÁLOGO
NO CONTEXTO DAS ORGANIZAÇÕES..183
Marlene Marchiori

Prefácio

A dicotomia profissional acadêmico sempre, de alguma forma, assombrou a comunicação. Qual fantasma exigente, fica a puxar o cabo de guerra ora para a prática profissional, ora para um academicismo que, muitas vezes, utiliza o empírico como mera matéria indicial, a comprovar que determinada teoria tem força explanatória para nos desvendar o mundo.

É sabido e quase lugar-comum que os estudos de comunicação nas organizações, relações públicas, comunicação empresarial e organizacional – qualquer que seja o guarda-chuva conceitual que vai abrigá--los – têm tido expressiva preferência pelo empírico, pelo factual, pelo fazer, e vêm reunindo esforços no intuito de produzir mais e melhores formatos para o melhor exercício dessa operacionalidade. O resultado é, o mais das vezes, de tom prescritivo, assentado em uma série de pressupostos que, se não são inquestionáveis, são pelo menos não questionados e tratados como inabaláveis pilares de nossa prática.

Ora, o que se conhece só se dá com base no que não se conhece, diria o conselheiro Acácio, famoso profeta do óbvio na obra de Eça de Queirós. Entretanto, esquecemo-nos dessa obviedade com muita frequência e insistimos em (re)produzir conhecimento sobre o já conhecido.

Contudo, sabemos todos também que o papel da busca do conhecimento é o de não deixar pedra sobre pedra ou, no mínimo, ir levantando cada pedra para ver o que há por baixo dela. Assim, todo novo saber flui de uma pergunta. Todo velho saber flui de uma resposta.

Interessa-nos, a nós pesquisadores, uma *Bedeutung*, um querer-dizer, não o que *eu* quero dizer, mas o que *isso* quer dizer; em outras palavras, não o que se transmite, mas o que resulta da comunicação. E isso não é de todo previsível – é até muito imprevisível –, pois estamos falando de sujeitos de linguagem, estamos falando de estado de coisas que não se submetem a nosso afã organizador; estamos falando de um mundo de interações e relações que resiste a nossos esforços ordenadores. Desse modo, tanto o mundo escapa por entre nossos dedos, quanto nossa linguagem (único objeto de que dispomos para pensar esse mundo de coisas) falha miseravelmente ao explicá-lo, por ser incompleta, parcial e escassa diante do grande *continuum* de informação a que somos submetidos durante nossa vida. Entretanto, é essa a beleza dos projetos de conhecer; nossa própria miséria de saber é a mola que nos propulsiona.

É esse o propósito deste volume. Fruto de percepções sobre a comunicação que se desenvolvem em torno das ideias de relação, interação, linguagem e produção de sentido, esse novo olhar sobre os processos comunicativos organizacionais tenta desvelar motivações e mitos, procura levantar as pedras dos alicerces para tentar compreender melhor o fenômeno comunicacional no contexto das organizações para além das fórmulas já consagradas.

Originado nas pesquisas empreendidas no seio do Programa de Pós-graduação em Comunicação Social da PUC-Minas, este livro, organizado por Ivone de Lourdes Oliveira e Ana Thereza Nogueira Soares, agora em sua segunda edição, traduz o esforço de se repensar a comunicação tal como ela se dá nos espaços organizacionais, de modo a lançar nova luz sobre seus processos. A tentativa aqui é, portanto, não produzir academicismos estéreis nem repetir práticas já testadas. A proposta é justamente superar a dicotomia imposta artificialmente entre o profissional e o teórico e colocar os estudos de comunicação no contexto das organizações em um novo vetor, axialmente derivado da cuidadosa observação do cotidiano – conjunto de vivências pontuais e temporalmente definidas – e de uma teorização que abstrai as vivências para produzir uma experiência, algo que extrapola o presente exatamente para poder pensá-lo. Em outras palavras, nem só as vivências desvinculadas da experiência, nem a experiência que não remete às vivências, mas um jogo relacional também entre o que se vive e o que se pensa: conhecimento real.

Julio Pinto
Presidente da Compós (2011-2012) e Coordenador do Programa de Pós-graduação em Comunicação Social da PUC-Minas

Prólogo

Entre as principais questões discutidas nos últimos anos por estudiosos da comunicação organizacional está aquela que se refere à construção de uma fundamentação teórica mais consistente para a área, considerando, sobretudo, sua proximidade com os estudos do campo da comunicação.

O grupo de pesquisa Comunicação no contexto organizacional: aspectos teórico-conceituais (PUC-Minas/CNPq), em consonância com essa tendência, postula, desde sua criação, em 2004, a necessidade de se estabelecer um espaço para a reflexão e o pensamento sobre as relações entre os fenômenos comunicacionais e os fenômenos organizacionais, mapeando um terreno de investigação ainda incipiente nas ciências da comunicação, conforme desenvolvido no Brasil até o momento. Pretende-se, assim, marcar um "lugar de fala", um olhar próprio e diferenciado para os fenômenos que envolvem os processos comunicacionais relacionados a organizações.

Nessa perspectiva, o mencionado grupo de pesquisa, em parceria com o Programa de Pós-graduação da Faculdade de Comunicação e Artes da PUC-Minas, realizou, no segundo semestre de 2007, o seminário Interfaces da Comunicação Organizacional. As reflexões presentes neste livro foram desenvolvidas com base em discussões empreendidas naquela ocasião. O evento reuniu professores e pesquisadores brasileiros em torno do debate sobre possíveis interfaces teórico-epistemológicas entre comunicação, organizações e outros campos de conhecimento.

Dessa forma, procurou-se, no seminário, analisar a comunicação organizacional sob a perspectiva de José Luiz Braga acerca das interfaces do campo da comunicação. Privilegiaram-se interpretações sobre os processos comunicacionais das organizações e suas fronteiras com paradigmas e dimensões teóricas de outras áreas de conhecimento que não aquelas dos estudos organizacionais e administrativos, tidas tradicionalmente como principal referência na pesquisa e literatura sobre o tema comunicação organizacional.

As discussões foram em direção a outras áreas, a saber: a política, a linguagem, a sociologia, a filosofia e a comunicação propriamente dita, que, estranhamente, parece ser muito timidamente incorporada à compreensão dos processos de comunicação organizacional. Vale dizer que o entendimento acerca da comunicação, nesse campo de estudos, sempre foi (e ainda é, em certa medida) muito próximo daquela visão dos primeiros estudos teóricos do campo, ligados, por exemplo, ao paradigma da "agulha hipodérmica" ou das percepções lineares da comunicação.

Contudo, os fenômenos da comunicação no contexto das organizações são complexos e podem ser percebidos sob diversos ângulos. O estudo das interfaces, além de favorecer a compreensão sobre a fronteira entre os fenômenos da comunicação e das organizações, pode também conduzir a pesquisa na área de comunicação organizacional para além dos estudos organizacionais, isto é, as interfaces permitem considerar abordagens teóricas de outras áreas do conhecimento nos estudos da comunicação das organizações.

É fato que as interfaces entre os estudos administrativos e organizacionais e a comunicação organizacional não podem ser ignoradas. Entretanto, a proposta é justamente incorporar ao campo discussões próprias da comunicação, tal como se realizam contemporaneamen-

Prólogo

te, trazendo-as ao centro da constituição de abordagens metodológicas, conceitos e teorias. Nesse sentido, delineiam-se nesta obra pesquisas que incorporam elementos de outras disciplinas das ciências humanas aos estudos da comunicação organizacional, ultrapassando a visão estrita do funcionalismo e da realidade empírica das organizações com fins de lucro, tradicionais pontos de partida para esses estudos. As interfaces abrem, antes de tudo, novas frentes epistemológicas para o campo da comunicação organizacional justamente porque permitem a visualização e o questionamento de fenômenos da realidade sócio-organizacional e, portanto, comunicacional, historicamente negligenciados pelas teorias comunicacionais e também pelas teorias administrativas.

As organizações, aqui vistas como atores sociais de ampla abrangência e significado, incorporam variáveis sociológicas, linguísticas, políticas e culturais que precisam ser apreendidas teoricamente, no intuito de promover avanços na discussão proposta. Questiona-se, assim, se o campo da administração e o dos estudos organizacionais podem se constituir a base epistemológica principal para o entendimento das questões da comunicação organizacional.

Para isso, estudiosos especialistas nesses campos, ou nas relações desses com a comunicação, são fundamentais para refletir conosco sobre como a comunicação organizacional, associada aos estudos da política e da linguagem, por exemplo, pode constituir-se em termos epistemológicos, metodológicos e teóricos.

Por conseguinte, este livro pretende aprofundar o debate sobre as interfaces, constituindo-se proposta de desenvolvimento do campo de estudos da comunicação no contexto das organizações; mas acredita-se, também, que para o próprio campo da comunicação, em uma dimensão mais compreensiva da realidade social.

A Primeira Parte da obra – Explorando as interfaces do campo da comunicação – traz três contribuições. O artigo de Maria Ângela Mattos, "Interfaces do saber comunicacional e da Comunicação Organizacional com outras áreas de conhecimento", traça um panorama das interfaces, apresentando uma visão dos principais desafios encontrados pelo campo da comunicação, e especialmente pela área da comunicação organizacional, nos processos de autonomização do conhecimento. Segundo a autora, "o grande desafio da comunicação (...) é desentranhar seu objeto de interesse da pluralidade de disciplinas e 'olhares' que perpassam essa área de estudo, buscando identificar o que é propriamente comunicacional nas interfaces realizadas com outros saberes." Já o texto de Antônio Fausto Neto, "Comunicação das organizações: da vigilância aos pontos de fuga", utiliza a metáfora do radar para analisar os processos de sistematização do fluxo de informações pelas organizações, produzindo uma crítica aos processos de regulação e controle da comunicação organizacional. Teresinha Pires, em seu artigo intitulado "Organização e visibilidade político-midiática: considerações preliminares", apresenta uma proposta de investigação da interface entre a comunicação política e a comunicação organizacional. Em seu texto, argumenta sobre a crescente inserção das organizações no noticiário jornalístico destinado à política, assim como sobre os potenciais reflexos que isso pode trazer para os estudos da comunicação no contexto organizacional.

A Segunda Parte do livro – Linguagem, sentido e interações no contexto das organizações – inicia-se com a análise semiótica de Julio Pinto sobre a comunicação organizacional. É interessante, na argumentação, perceber que ao falar de comunicação organizacional está-se falando, antes de tudo, do campo da comunicação, ideia compartilhada pelo grupo de pesquisa Comunicação no contexto organizacional: aspectos teórico-conceituais. Julio Pinto realiza, em seu texto, importantes inferências para a constituição do campo da comunicação organizacional, na medida em que insinua, por exemplo, como a distinção entre as dimensões do sentido e do significado pode afetar a discussão teórica sobre a comunicação na realidade das organizações. O ponto de partida do campo da comunicação para a análise da comunicação organizacional leva a desenvolvimentos teóricos aparentemente mais frutíferos para compreender a dimensão comunicacional presen-

Prólogo

te na constituição, legitimação e visibilidade das organizações. É com base na noção de produção de sentido, presente no artigo de Ivone de Lourdes Oliveira e Carine F. Caetano de Paula, que podem ser desenvolvidas questões de relevo para as organizações contemporâneas. O estudo da interface da comunicação organizacional com o campo da linguagem emerge, assim, na tentativa de compreender "como a comunicação atua no processo social de construção de sentido entre organização e seus interlocutores, ora como ordenadora dos sentidos da organização, ora como ordenadora dos sentidos dos grupos com os quais estabelece relações, em um processo de coordenação dos significados já institucionalizados." A criação, a produção e a manutenção das relações públicas organizacionais constituem-se também parte desse esforço de compreensão das interfaces teóricas da comunicação organizacional. Fábia Lima, em seu artigo "Possíveis contribuições do paradigma relacional para o estudo da comunicação no contexto organizacional", produz uma análise sobre as matrizes teórico-metodológicas presentes no campo da comunicação. A proposta é a de que o paradigma relacional sirva de base para o entendimento da comunicação das organizações, uma vez que, nesse contexto, contribui para a movimentação dos atores sociais em um *continuum* entre a fragilidade e a força dos relacionamentos promovidos por organizações e seus interlocutores.

Finalmente, a Terceira Parte desta publicação trata de uma interface emergente, mas não menos importante para os estudos da comunicação organizacional: aquela que promove uma análise sobre o campo com base na ideia de complexidade. No primeiro artigo da última seção, Euclides Guimarães traça um panorama histórico dos estudos da complexidade nas ciências sociais, recorrendo também às discussões de campos de conhecimento como a física e a biologia sobre o paradigma da complexidade. Segundo Guimarães, as organizações, sobretudo do ponto de vista das comunicações que ininterruptamente as perpassam, não podem escapar das interferências dessa forma de olhar a realidade. Essa perspectiva é também compartilhada por Rudimar Baldissera, que, em sua contribuição, discorre sobre a visão de Edgar Morin sobre a complexidade, deduzindo daí as principais implicações de tal perspectiva para a comunicação organizacional. Para Baldissera, a complexidade permite melhor angulação para a observação da "permanente tensão entre sujeitos, e entre eles e seus contextos ecossistêmicos."

A obra se encerra com um epílogo, em que Marlene Marchiori analisa as possibilidades de interface entre as perspectivas funcionalista, interpretativa, crítica e pós-moderna e a comunicação organizacional, identificando os direcionamentos que cada uma dessas vertentes metateóricas sugere para o estudo da comunicação no contexto das organizações.

Espera-se que a diversidade de pontos de vista evidenciada a seguir, por meio das ideias desses autores, possa, efetivamente, ampliar o escopo do campo da Comunicação Social e, especialmente, a compreensão sobre as comunicações que se realizam, a cada momento, no contexto das organizações.

É com o espírito de fazer avançar as discussões sobre a comunicação organizacional e de promover o debate, portanto, que conduzimos esse diálogo em torno de suas interfaces possíveis.

Ivone de Lourdes Oliveira
Ana Thereza Nogueira Soares

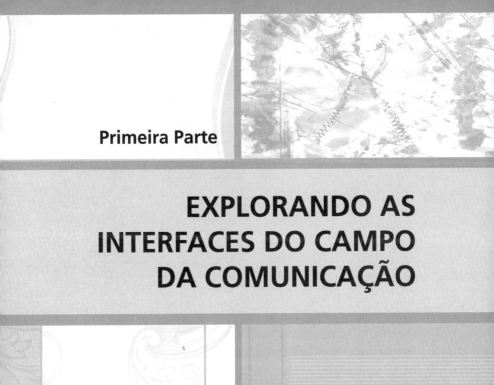

Primeira Parte

EXPLORANDO AS INTERFACES DO CAMPO DA COMUNICAÇÃO

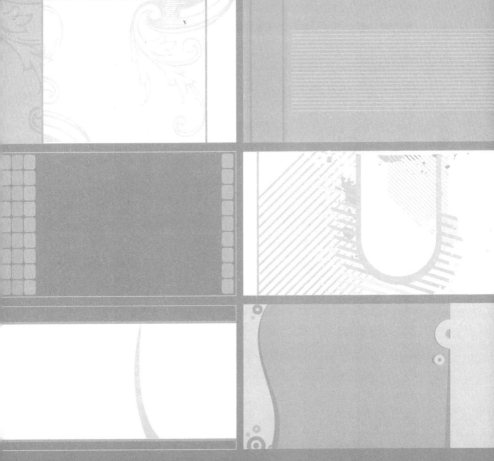

INTERFACES DO SABER COMUNICACIONAL E DA COMUNICAÇÃO ORGANIZACIONAL COM OUTRAS ÁREAS DE CONHECIMENTO

Maria Ângela Mattos

Por meio deste artigo, procura-se refletir sobre os limites e as potencialidades das interfaces da comunicação e de seus saberes especializados com outras áreas de conhecimento, com ênfase à comunicação organizacional. Busca-se, sobretudo, contribuir para essa subárea de estudo superar os impasses que dificultam a constituição de um campo especializado teórico-conceitual e epistemologicamente consistente e articulado ao saber comunicacional.

Parte-se do pressuposto de que, por um lado, a natureza interdisciplinar da comunicação[1] contribui para a compreensão abrangente da natureza complexa e plural dos processos e práticas comunicativas,

---

1. Diferentemente do efeito provocado pela prática da interdisciplinaridade da comunicação com outros saberes, a interface não resulta em dispersão ou diluição do objeto da comunicação e de fronteiras diante de outras "faces" (disciplinas) dominantes nas articulações processadas entre as áreas de conhecimento. Pelo contrário, nas abordagens de interfaces, a articulação entre as respectivas disciplinas é realizada para atender à necessidade de conhecer em profundidade a concretude do objeto comunicacional.

por outro, tem dificultado o desenvolvimento da Comunicação e das suas subáreas como campos de conhecimento relativamente autônomos em relação a outras disciplinas já consolidadas das ciências sociais, humanas, administrativas e das linguagens.

Pretende-se sistematizar, neste artigo, a intervenção da autora no seminário Interfaces da Comunicação Organizacional, com a palestra do professor José Luiz Braga (Unisinos),[2] promovido pelo grupo de pesquisa Comunicação no contexto organizacional: aspectos teórico--conceituais e pelo mestrado em Comunicação da PUC-Minas. O lugar de fala da autora é proveniente de sua experiência na supervisão de projetos experimentais de Relações Públicas, além de integrante do grupo de pesquisa Campo comunicacional e suas interfaces, que tem investigado aspectos teóricos, epistemológicos e metodológicos das pesquisas desenvolvidas tanto na graduação quanto na pós-graduação em Comunicação.

O trabalho está estruturado em três tópicos de discussão: o primeiro elabora breve estado da arte da comunicação organizacional nos Estados Unidos e no Brasil. Em seguida, traça um paralelo dos principais impasses e desafios enfrentados pela comunicação e por suas subáreas para se constituírem campo de conhecimento, notadamente a comunicação organizacional. O terceiro tópico propõe algumas reflexões sobre a possibilidade de interfaces da comunicação organizacional com outras áreas de conhecimento. Nas considerações finais, o artigo sinaliza algumas perspectivas de ordem epistemológica e pedagógica para o avanço da comunicação organizacional como saber especializado da comunicação social.

Breve estado da arte da Comunicação Organizacional

A comunicação organizacional diz respeito tanto a um campo de estudos quanto a um conjunto de fenômenos empíricos, sendo o pri-

---

2. Essa palestra foi proferida no dia 18 de outubro de 2007.

meiro considerado subdisciplina ou subárea da comunicação, e o segundo, práticas de comunicação complexas e variadas desenvolvidas no âmbito das organizações, sejam elas públicas ou privadas, ou ainda do terceiro setor.

Como objeto de estudo, a comunicação organizacional é entendida por Oliveira e Paula (2005, p. 6) como processos comunicacionais e atos de interação planejados e espontâneos que se estabelecem com base em fluxos informacionais e relacionais da organização.

> Os fluxos informacionais representam todos os atos e instrumentos utilizados para transmitir informações de caráter institucional ou mercadológico. Já os fluxos relacionais são oportunidades de encontro que promovem compartilhamento de ideias entre interlocutores, como reuniões, eventos e face a face.

Na sua constituição histórica como subárea de conhecimento da comunicação, Mumby (2007) afirma que a comunicação organizacional difere em sua origem e matriz disciplinar de campos correlatos com os quais compartilha agendas de pesquisa, como Administração, Estudo Organizacional, Psicologia Industrial, entre outras. Seus pesquisadores situam-se nas tradições das Ciências Sociais e Humanas, dialogando com diversas disciplinas: a Retórica, os Estudos de Mídia, a Psicologia Social, a Análise de Discurso etc.

A vinculação orgânica do ensino universitário com setores industriais e militares dos Estados Unidos é marcante na fase inicial de construção desse saber especializado, conforme ressalta Mumby (2007, p. 2):

> Em sua história das décadas iniciais do campo, Redding (1985) identifica seus múltiplos e ecléticos precursores, incluindo retórica clássica (particularmente a tradição aristotélica), instrução para discurso de negócios, os cursos de Dale Carnegie, psicologia industrial pioneira e teoria gerencial tradicional. Entretanto, Redding sugere que foi a "tripla aliança" entre militares, indústria e academia, durante [a] e imediatamente depois da Segunda Guerra Mundial, que fundou as bases para o desenvolvimento de uma agenda de pesquisa programática e coerente.

Essa "tripla aliança" – academia, indústria e militares –, de acordo com o autor, resultou na hegemonia da perspectiva administrativa dos programas de ensino da comunicação organizacional naquele país, que adotou em seus primórdios a divisa "comunicação industrial e de negócios", refletindo tanto foco no cenário corporativo quanto forte orientação gerencial das pesquisas na área.

> Então, as agendas de pesquisa focam, tipicamente, a demonstração de causalidade entre os processos de comunicação e a produtividade-eficiência corporativa, cobrindo áreas como a difusão de informação, comunicação ascendente e descendente, redes de comunicação, técnicas de melhoramento das habilidades comunicativas e questões de relações humanas (Mumby, 2006, p. 2-3).

Tal aliança, conforme Redding, citado por Mumby (2007), foi decorrente da necessidade de formação do pessoal militar e dos trabalhadores industriais em ensino superior ligado às "habilidades básicas de comunicação", coordenado pelos instrutores de inglês e de discurso, este último precursor dos programas de comunicação, que foram responsáveis por gerar uma rede de pesquisadores interessados em comunicação nos meios militares e industriais.

Enquanto nos Estados Unidos a comunicação das organizações surge diretamente associada ao ensino superior de Comunicação, notadamente nos cursos de Relações Públicas, no Brasil ela insere-se primeiramente no mercado como atividade profissional e só mais tarde é institucionalizada na academia. Mas a porta de entrada dessa área no ensino universitário deu-se inicialmente nos cursos de Administração, sendo transferida para o ensino de comunicação somente na década de 1970, notadamente para a área de Relações Públicas, habilitação que abriga conteúdos relativos à comunicação das/nas organizações, tanto no Brasil quanto nos Estados Unidos.

Reis e Costa (2007, p. 58) evidenciam que a comunicação organizacional surgiu no Brasil "com o reconhecimento, por parte das empresas, de ser uma função administrativa, mas que se concretizava, enquanto ação e agenciamento corporativo, através do uso de recursos técnicos da área de comunicação."

Desse registro, pode-se inferir que o forte viés "administrativo" adotado pelos estudos de comunicação organizacional no Brasil reside justamente nessa dupla origem – mercado e ensino de administração –, distinguindo-se do ensino de Jornalismo que, a despeito de ter se instalado no país como atividade profissional, foi integrado inicialmente às faculdades de Ciências, Filosofia e Letras e só depois vinculado ao ensino de Comunicação Social como habilitação. Por essa razão, o ensino de Jornalismo adotou, em sua primeira fase de funcionamento, perspectiva mais ético-humanista do que tecnicista, diferentemente da Publicidade e Propaganda e das Relações Públicas, que se originaram de atividades eminentemente mercadológicas.

A agenda de pesquisa inspirada em orientações gerencial e corporativa permaneceu estável nos Estados Unidos até os anos 1970, abrindo-se, somente a partir da década seguinte, a outros enfoques, tais como, a abordagem cultural e interpretativa, ou centrada no significado, que promoveu radical virada nos estudos da área.

> Enquanto a pesquisa inicial considerava a "organização" como dada, e então estudava a comunicação como uma variável que ocorria "nas organizações", a perspectiva interpretativa removeu o rótulo "variável", privilegiando a comunicação como constitutiva da organização (2007, p. 3).

Essa mudança contribuiu para a emergência de três abordagens sobre a relação entre comunicação e organização que, apesar de distintas, têm profundas imbricações. A primeira delas diz respeito aos estudos interpretativos, que acarretaram tanto a "virada linguística" na filosofia, hermenêutica e fenomenologia, quanto o desenvolvimento da antropologia interpretativa, cujo expoente, Clifford Geertz, situa o significado como fenômeno público, semiótico e comunicativo, em vez de cognitivo ou estrutural. A outra abordagem consiste nos estudos críticos da relação entre comunicação, poder e organização, mediante a articulação de três tradições de pesquisa – hermenêutica e fenomenologia, teoria crítica e marxista, e teoria freudiana –, e, por fim, os estudos retóricos destinados a explorar os processos de persuasão nos contextos organizacionais.

Na avaliação desse autor, a "virada interpretativa" não significou completa revolução de paradigma no desenvolvimento teórico e na pesquisa em comunicação organizacional, tendo em vista a contribuição de diversos outros aportes teórico-conceituais e novas perspectivas de análise de questões antigas que emergem nos anos 1980 e 1990.[3] Esses anos representaram um período de fermentação em face do embate produtivo entre as abordagens emergentes e as tradições de pesquisa estabelecidas sobre a comunicação organizacional.

> Nos últimos anos este fermento tem permitido reconhecer que o estudo da comunicação organizacional se beneficia da exploração tanto das conexões quanto das tensões entre as perspectivas teóricas. Assim, a comunicação organizacional como campo de estudo tem desenvolvido uma identidade interdisciplinar que alberga diversas perspectivas teóricas e assunções epistemológicas, incluindo (pós) positivismo, realismo, interpretativismo, retórica, teoria crítica, pós-modernismo e pós-estruturalismo, feminismo e pós-colonialismo (2007, p. 5-6).

A comunicação organizacional pode ser caracterizada na primeira década do século XXI como campo de multiperspectivas por abrigar teorias, métodos e domínios diversos de pesquisa, tornando-se, se não um consenso de paradigma – uma condição indesejável, segundo Mumby —, um reconhecimento de diferentes epistemologias e recursos com os quais os pesquisadores da área podem estabelecer relações entre comunicação e organização (Corman; Poole, apud Mumby, 2007, p. 6).

---

[3]. Putnam e Cheney, citados por Mumby (2006), apresentam outras tradições de pesquisa no campo, tais como o estudo dos canais de comunicação, o clima comunicacional, as redes organizacionais de trabalho e a comunicação entre superiores e subordinados, além de questões tradicionalmente já investigadas pelos estudiosos da área durante os anos 1980 e 1990, mas ancoradas agora em novas perspectivas teóricas: o processamento informativo, os estudos retóricos, os estudos culturais e os estudos críticos.

Interfaces do saber comunicacional e da Comunicação Organizacional com outras áreas de conhecimento

Contudo, paralelamente à ampliação do movimento de transdisciplinaridade entre as diversas ciências e áreas de conhecimento desde a década de 1990, os estudiosos de comunicação têm investido na construção de um saber comunicacional autônomo, ainda que relativo, em relação aos outros campos de conhecimento. Deetz, citado por Reis e Costa (2007, p. 57), entende que a comunicação é potencialmente capaz de produzir uma perspectiva distinta de análise do social, tendo em vista que ela denota e explicita "a relevância dos sistemas interlocutores de interação em várias áreas da vida social." Quando aplicada aos objetos de outras áreas de conhecimento, a comunicação pode propiciar um olhar próprio sobre os objetos desses outros campos. No entanto, Reis e Costa (2007, p. 57) chamam a atenção para o fato de esse autor não advogar que "tudo seja comunicação, mas, sim, que tudo pode ser analisado a partir de sua constituição e função comunicativas."

Em relação aos estudos e às pesquisas realizados no Brasil, notadamente os apresentados nos congressos da Sociedade Brasileira de Estudos Interdisciplinares da Comunicação (Intercom) de 2003 e 2004, Oliveira e Paula (2005, p. 6) enfatizam que a maioria deles não se respalda teoricamente no campo da comunicação, e sim em outras áreas, como a da administração. "Essa atitude provoca um hiato na produção, que tem refletido na formação acadêmica e dificultado a compreensão do seu objeto", avaliam as autoras, chamando a atenção para o fato de que, por mais que os estudos de comunicação nas organizações façam interfaces com outras áreas de conhecimento, o campo comunicacional não pode ser negligenciado, acrescentando:

> Observamos, através da revisão bibliográfica da literatura produzida no Brasil em comunicação organizacional e Relações Públicas, que a produção científica, até o presente momento, estabelece poucas articulações com a questão epistemológica do campo da comunicação discutida nos fóruns de debates, a exemplo da Compós (Associação Nacional de Programas de Pós-Graduação em Comunicação), da Intercom e de outras entidades (Oliveira; Paula, 2005, p. 2).

Além disso, Margarida Kunsch (2004, p. 138) identifica uma grande lacuna nos estudos de comunicação organizacional no país, como a ausência de pesquisas empíricas, o que instiga os estudiosos a investirem na criação de uma cultura, tanto no meio universitário, quanto no mercado profissional, destinada a ampliar a consciência dos pesquisadores e a estimular a realização de pesquisas, e acrescenta: "A construção de uma teoria de relações públicas e comunicação organizacional no Brasil passa também pelos estudos e pela sistematização da prática."

No âmbito das perspectivas teóricas adotadas pelos estudos organizacionais, Reis e Costa (2007) evidenciam a importância de se levarem em conta os processos relacionais na dinâmica operacional-negocial para a compreensão das organizações e de seus processos comunicacionais. Nessa direção, Oliveira e Paula (2005, p. 9) desenvolvem o modelo de interação comunicacional dialógica que se propõe pensar as possíveis interações entre organização e grupos ligados a ela e demonstrar a complexidade e diversidade dos processos e das práticas comunicacionais que se estabelecem aí:

> A concepção do modelo parte da criação de um espaço comum, onde a ideia de comunicação como "tornar algo comum" emerge e possibilita a concretização do processo interativo. No espaço comum, o emissor e o receptor perdem suas funções específicas de emitir e receber mensagens e se transformam em interlocutores.

Na ótica de Deetz (1998), a perspectiva da interação comunicacional é uma questão central a ser levada em conta nos estudos da área, tendo em vista a presença cada dia mais abrangente das organizações na vida dos indivíduos, bem como dos processos interacionais cada vez mais complexos e diversos nas sociedades contemporâneas, que são, em grande parte, mediados pelos dispositivos técnico-midiáticos e telemáticos.

> A comunicação e as organizações, argumenta Deetz (1998), podem ser vistas como desempenhando conjuntamente papéis complementares. Esse desempe-

nho conjunto e combinado as tornam ubíquas e indissociáveis na vida dos indivíduos: juntas, provêm identidade pessoal, estruturam o tempo e a experiência, influenciam a educação, a socialização, o conhecimento, o consumo, padronizam as relações sociais e a troca de informações (Deetz, apud Reis e Costa, 2007, p. 61).

Nessa direção têm caminhado inúmeros pesquisadores da comunicação organizacional que se referenciam em múltiplos aportes teórico-concentuais, mas sem perder de vista a centralidade da comunicação nos objetos investigados, tais como Putnam (1996), Taylor (1999), Reis (2000), Costa (2004), além de autores mencionados neste artigo, como Deetz (1992), Mumby (2007), Redding (1985), Reis e Costa (2007), Kunsch (2004), Oliveira e Paula (2005) etc. No entanto, esses investimentos necessitam ser intensificados e, sobretudo, considerados nas agendas das pesquisas, tanto da graduação quanto da pós-graduação em Comunicação no Brasil, uma vez que parte expressiva delas não conseguiu superar sua dependência em relação aos aportes teórico-conceituais e epistemológicos de outros campos de conhecimento, particularmente daqueles que concebem a comunicação como mero instrumento de legitimação do poder corporativo, controle e gestão de seus membros e interlocutores.

Impasses e desafios da comunicação organizacional como saber especializado do campo comunicacional

Após esse breve estado da arte da comunicação organizacional, é importante ressaltar que a comunicação como área de conhecimento perpassou caminhos que não se diferem muito dos percorridos por esse saber especializado, tendo em vista diversos fatores amplamente discutidos na literatura da área, entre os quais destacam-se aqueles mais significativos para a discussão do tema deste artigo.

Primeiro, a constituição do campo acadêmico da comunicação no Brasil ocorreu depois da inserção de mão de obra técnica no mercado de trabalho, o que propiciou forte orientação instrumental e pragmática no ensino e na pesquisa em comunicação, em suas diversas especialidades, com exceção do ensino de Jornalismo em seus primórdios, como ressaltado anteriormente. No caso específico da comunicação organizacional, salientou-se também que tal atividade nasceu nas empresas com função eminentemente administrativa voltada ao desenvolvimento de ações e agenciamentos corporativos como gestão de pessoas e relações de trabalho, marketing e desenvolvimento de estratégias organizacionais, entre outras.

Segundo, os estudos de comunicação são marcados, desde o início até hoje, pela interdisciplinaridade com as diversas áreas de conhecimento, particularmente as ciências sociais e humanas e as da linguagem. Percebe-se que, se, de um lado, a interdisciplinaridade contribui para a compreensão mais ampla dos processos e das práticas comunicacionais, por outro, dificulta a consolidação da comunicação como disciplina científica. Tal perspectiva pode ser claramente percebida na produção acadêmica de comunicação e, em relação aos estudos organizacionais, as disciplinas ligadas às ciências gerenciais se fizeram mais presentes e ainda hoje são predominantes no ensino e na pesquisa.

No entanto, a natureza interdisciplinar da comunicação por si só não poderia dispensar a constituição de seus próprios aportes teórico-conceituais. Daí a proposição de Braga (2004) de se ultrapassar a mera aplicação de conhecimentos oriundos de outros campos, mediante a substituição da postura "interdisciplinária" por uma atitude proativa dos estudiosos que resulte na produção de conhecimentos específicos, pertinentes e relevantes ao saber comunicacional. Dessa forma, o grande desafio da comunicação e de suas subáreas é desentranhar seu objeto de interesse da pluralidade de disciplinas e "olhares" que perpassam essa área de estudo, buscando identificar o que é propriamente comunicacional nas interfaces realizadas com outros saberes.

Isso não significa eliminar as possibilidades de interfaces da comunicação com outros saberes, e sim descobrir quais questões comunicacionais imbricadas nessa interação merecem ser destacadas e investigadas pelo pesquisador. Por exemplo, na interface com as ciências gerenciais, o que tem de relevante do ponto de vista comunicacional a ser pesquisado, quais as sobredeterminações, angulações e especificidades da comunicação afetariam os processos gerenciais da organização ou vice-versa? Outras indagações merecem ainda ser colocadas, como: quais reflexões críticas poderiam ser feitas pelos estudos de comunicação nas organizações acerca da prevalência de lógicas técnico-gerenciais sobre as de natureza ética, humana e sociocultural? Em que medida as pesquisas na área poderiam ir além do fornecimento de subsídios para o desenvolvimento de planos e estratégias de gestão organizacional e, em vez disso, gerar conhecimento e reflexão sobre as dimensões pública e política da interação e negociação que as organizações estabelecem com seus diversos interlocutores e comunidades onde se inserem?

Em outros termos, não se trata de negar a importância dos conhecimentos provenientes da administração nos estudos da comunicação organizacional, até porque agindo assim, o pesquisador estaria negando uma dimensão fundamental do universo onde o seu objeto está inserido e, sobretudo, retirando dele fatores que interferem direta ou indiretamente na dinâmica do processo da comunicação organizacional. Por consequência, eliminaria as possibilidades de promover os tensionamentos necessários à construção e problematização do objeto comunicacional, uma vez que não "há comunicação em estado puro, sem objetivos direcionados", como avalia Braga (2004, p.13).

Os tensionamentos que ocorrem no processo de articulação com outras áreas de conhecimento não significam necessariamente fazer recusas e restrições, e sim discutir os componentes imbricados nos fenômenos investigados. Em outras palavras, eles são inevitáveis no processo da produção de qualquer conhecimento, devendo ser encarados como procedimento, por excelência, da problematização de questões relevantes encontradas no desenvolvimento da pesquisa, seja em suas dimensões epistemológica e metodológica, seja em seus aspectos teóricos e conceituais.

Não se pode perder de vista a diferença entre dois procedimentos: uma coisa é promover uma interface construtiva com outros campos de conhecimento, outra é incorporar acriticamente seus conceitos, teorias e métodos, sem realizar nenhuma mediação com a especificidade do objeto central da investigação. Tal mediação é imprescindível para identificar os problemas e limites das interfaces realizadas, assim como para descartar seus aspectos inadequados e desviantes às questões essenciais da investigação.

O grande problema da interface da comunicação organizacional com a área administrativa reside no fato de ela se referenciar em suas teorias, seus conceitos e métodos, em detrimento de outros aportes mais apropriados à comunicação organizacional que poderiam fornecer subsídios para iluminar a análise das dimensões necessárias a uma compreensão mais profunda do objeto de estudo.

Mesmo que os conceitos e as teorias do campo comunicacional sejam considerados nos estudos da comunicação nas organizações, percebe-se que, muitas vezes, as perspectivas pelas quais elas são concebidas são subsidiárias de problemas de outras ordens, como, por exemplo, de questões que solicitam da comunicação conhecimento meramente instrumental destinado mais a resolver problemas de natureza técnico-administrativa e financeira das organizações do que a sistematizar e produzir conhecimentos. Daí a necessidade de se diferenciarem problemas de conhecimento de problemas práticos. Enquanto os primeiros se prestam a fundamentar teórica, conceitual e metodologicamente a pesquisa científica, os segundos solicitam soluções concretas, ou seja, intervenções dos profissionais no ambiente organizacional. Isso não quer dizer que os problemas práticos não possam se transformar em objetos de investigação, conforme esclarece Braga (s/d, p.7):

> Dada uma situação-problema na realidade, se essa situação é suficientemente complexa, em vez de procurar e propor soluções concretas imediatas, tentaremos direcionar a reflexão para: como aprofundar meu conhecimento sobre essa situação *antes* de buscar soluções?

O trabalho de aprofundar conhecimentos seria a pesquisa acadêmica [...] As soluções concretas podem ser decorrentes da dissertação, *mas já não fazem parte dela*. Serão, se for o caso, expectativa para depois; e resultado de aplicações posteriores dos conhecimentos obtidos sobre a realidade social. (Grifos do autor.)

Reis e Costa (2007, p. 62) apresentam outro problema enfrentado pelo estudioso da comunicação organizacional, intimamente ligado ao anterior, que diz respeito ao caráter dualista da relação comunicação e organização, "que faz com que, ao atuarmos profissionalmente ou estudarmos a comunicação das organizações, estejamos, ao mesmo tempo, agindo sobre as dinâmicas organizacionais, ou estudando também as organizações." Esse é problema recorrente em diversas especialidades da comunicação e tem sérias implicações para a produção de conhecimento. Isso se expressa na confusão que se faz entre a natureza do trabalho acadêmico (docência/pesquisa) e a do profissional. Assim, tendo em vista que parte expressiva de acadêmicos da área profissional de comunicação atua no mercado de trabalho, essa duplicidade de papéis, em vez de se equilibrar, tende às vezes a privilegiar uma ou outra perspectiva nos conteúdos, enfoques e métodos de ensino e pesquisa, bem como nas orientações aos trabalhos de conclusão de curso, de iniciação científica ou até mesmo em dissertações de mestrado.

Entretanto, não se pode deixar de enfatizar que a situação inversa também ocorre, sobretudo entre os docentes com formação mais acadêmica que imprimem uma orientação "teoricista" ao ensino e à pesquisa, muitas vezes distanciada da prática profissional ou dos fenômenos empíricos da comunicação estudados, seja por eles próprios ou por seus alunos/orientandos. Daí a necessária ruptura com as perspectivas dicotômica e fragmentada da comunicação, já que elas dificultam a realização de trabalhos mais dialéticos sobre as dinâmicas processuais da comunicação e capazes de articular suas dimensões fenomenológica e epistemológica.

No que tange à interface da comunicação organizacional com as disciplinas das ciências sociais e humanas, a questão torna-se preocupante quando se apropria de suas teorias, seus conceitos e suas noções, invertendo seus significados e, o que é pior, quando eles são ressignificados para sustentar teoricamente a eficácia de determinadas estratégias de comunicação organizacional que se prestam mais a harmonizar do que a mediar conflitos entre seus membros.

Sintetizando, a realização de interfaces com quaisquer áreas de conhecimento não pode perder de vista que o emprego de aportes teóricos, conceituais e metodológicos oriundos de outras ciências deve ser trabalhado para enriquecer e ampliar o quadro de análise e compreensão dos processos e das práticas comunicacionais e não para subsumir questões específicas da comunicação organizacional. Por exemplo, os aportes das ciências sociais e humanas devem ser concebidos e trabalhados para iluminar a análise e a interpretação de tais processos e práticas e não para realizar estudos sociológicos, antropológicos ou políticos sobre a comunicação. Nesse sentido, deve-se ter clareza da distinção entre o estudo da cultura organizacional e o estudo da comunicação organizacional, o que não significa dizer que essas instâncias não sejam intrinsecamente relacionadas. O problema é diluir a comunicação ao levar em conta outras dimensões, como a cultural, a política, entre outras.

Por fim, como nos sugere Braga (2004), a interface da comunicação deve ser enfrentada como tensão e não como espaço de sobreposição de objetivos ou compartilhamentos "harmônicos". Trata-se, portanto, de problematizar os objetos de estudo da comunicação organizacional e não de harmonizá-los.

Possibilidades de interfaces da comunicação organizacional com outros saberes

Tendo em vista contribuir para maior adequação e qualificação das referências teórico-conceituais e metodológicas adotadas nos estudos da comunicação organizacional, como também subsidiar o desenvolvimento de programas de ensino e pesquisa na área, propõem-se duas ordens de reflexões. A intenção não é fornecer mero receituário de ações, e sim somar aos esforços e iniciativas em curso do grupo de pesquisa Comunicação no contexto organizacional: aspectos teórico-conceituais.

A primeira ordem de reflexões diz respeito ao próprio campo da comunicação, que, além de contar com uma rica bagagem acumulada ao longo de mais de meio século de produção de conhecimentos, alcança hoje considerável maturidade e legitimidade no cenário acadêmico contemporâneo. Já a segunda diz respeito à diversidade de possibilidades de interação da comunicação organizacional com os aportes teórico-conceituais formulados por estudiosos de diversos saberes, notadamente aqueles que são pertinentes e relevantes ao avanço do campo comunicacional.

A crescente especialização dos saberes das subáreas da comunicação não deve implicar a fragmentação e separação dos conhecimentos produzidos por cada uma delas, mas eles devem se integrar e se articular ao campo da comunicação como um todo, ou seja, ao complexo sistema de produção de conhecimento de comunicação. Nesse sentido, é sugestiva a posição de Júlio Pinto, coordenador do mestrado em Comunicação da PUC-Minas, manifestada durante a palestra de Antônio Fausto Neto (Unisinos), proferida no seminário As Interfaces da Comunicação Organizacional,[4] ao salientar que "a organização é um contexto da comunicação e, por isso, não deve ser pensada separadamente da comunicação, de uma teoria geral da comunicação." Soma-se a isso, o fato de que os acadêmicos da área têm se empenhado na formação de uma identidade teórico-epistemológica própria, além de este saber estar alcançando, nos últimos anos, relativa autonomia diante de outras disciplinas já consolidadas das ciências sociais e humanas.

O trabalho de Deetz e de outros autores mencionados neste artigo é emblemático da busca por um arcabouço comunicacional

---

[4]. Essa palestra foi proferida no dia 5 de novembro de 2007.

nos estudos da comunicação organizacional, construindo uma "escola de comunicação organizacional do próprio campo, em vez de se fiar em conceitos, teorias e perspectivas desenvolvidas em disciplinas cognatas, como: a Psicologia, a Sociologia, a Administração" (Mumby, 2007, p. 9).

No contexto das tecnologias da comunicação, é perceptível o avanço das perspectivas de análise que, além de rejeitar os enfoques deterministas do uso social das ferramentas tecnológicas no ambiente organizacional, têm se voltado a pesquisar os processos de construção de sentido e a examinar como os avanços tecnológicos têm provocado profundas alterações nas relações das organizações com seus interlocutores e públicos, bem como propiciado a emergência de redes, comunidades e identidades mediadas pelos dispositivos sociotécnicos. Assim, como avalia Mumby (2007, p.10):

> Ao invés de perguntar "como a tecnologia da comunicação é utilizada pelos membros da organização?", a questão central para os pesquisadores da comunicação organizacional tem sido "o que a tecnologia da comunicação significa para os membros da organização?"

A contribuição da interface entre comunicação e política é outra possibilidade a ser explorada pelos pesquisadores da comunicação organizacional, pois ela tem contribuído para uma compreensão mais profunda das relações de poder nas organizações, assim como dos mecanismos de construção de imagem, de visibilidade e de interação com seus interlocutores na esfera pública. Nesse âmbito, o estudo das organizações como espaços comunicacionais de poder têm incorporado novas perspectivas críticas, pois, enquanto as primeiras pesquisas sobre as relações de poder nas organizações se ancoravam na tradição marxista e, sobretudo, na escola de Frankfurt, nos últimos 15 anos têm se verificado uma ampliação das abordagens trabalhadas pelos pesquisadores. "Nesse contexto, os pesquisadores críticos da comunicação organizacional têm explorado uma variedade de fenômenos discursivos, tais como histórias, metáforas, conversas cotidianas, rituais, e assim por diante" (Mumby, 2007, p. 11). Eles têm examinado ainda como os interesses particulares e as relações de poder são ideologicamente resguardados, as contradições, escondidas, e certas realidades sociais, reificadas.

Outros estudos de comunicação política aplicados ao contexto organizacional têm se inspirado no pensamento de Habermas no intuito de compreender o fenômeno das racionalidades instrumental e comunicativa, que geram, de um lado, a "colonização corporativa", por meio da comunicação distorcida e do estreitamento discursivo nas organizações, e, de outro, os processos comunicacionais que instauram ações pautadas em princípios éticos e de responsabilidade social.

Inspirados no trabalho de Michel Foucault, os estudos de comunicação organizacional têm examinado as organizações como locais de práticas disciplinares, que empregam diferentes tecnologias de poder para produzir identidades, consensos, discursos normatizados. Ao mesmo tempo, a interseção da comunicação organizacional com os estudos culturais e com o pós-estruturalismo têm considerado as organizações locais de gênero e de formação de identidades (individuais e coletivas), onde se manifestam tanto práticas disciplinares de controle quanto de lutas cotidianas de resistência.

Pesquisas mais recentes não têm se limitado a analisar os cenários corporativos de grandes empresas (nacionais ou transnacionais), como ocorre com parte significativa dos estudos de casos realizados pelos investigadores da comunicação organizacional, mas têm expandido seus universos incluindo experiências e estruturas alternativas, como as organizações não governamentais, entidades ligadas aos movimentos sociais, culturais e políticos, entre outras organizações da sociedade civil. Mesmo nos estudos de caso realizados em grandes corporações, as pesquisas atuais têm procurado avançar, a fim de problematizar as tensões e contradições entre os grupos de interesse existentes nas organizações, por vezes ignorados conscientemente ou inconscientemente pelos autores de determinados estudos de caso realizados na academia. Busca-se, com isso, superar as visões "celebratórias" e legitimadoras das estruturas de poder no ambiente organizacional e, mais que isso, captar a pluralidade de vozes e a diversidade de posicionamentos existentes nos ambientes cada vez mais complexos das organizações contemporâneas.

Esses poucos exemplos revelam vastas possibilidades de abordagem de objetos relevantes e pertinentes de pesquisa na área da comunicação organizacional e, mesmo quando elas se apoiam em teorias e autores pertencentes a outras áreas de conhecimento, viu-se que é possível não perder de vista as questões propriamente comunicacionais.

Quanto à segunda ordem de reflexões, é importante reforçar que a busca por uma especificidade comunicacional nos estudos da comunicação organizacional não pode fechar as fronteiras com outros saberes. Ao contrário, a conexão com teorias, conceitos, métodos e técnicas de investigação desenvolvidos em outros campos se faz cada dia mais necessária em face da complexidade dos processos e das práticas da comunicação na contemporaneidade, que demandam perspectivas cada vez mais transversais e transdisciplinares.

Em síntese, a ampliação das interfaces com os conhecimentos produzidos nas ciências sociais e humanas pode se configurar como uma das importantes alternativas para se avançar nos estudos da comunicação organizacional. Isso porque suas disciplinas se fundamentam mais na perspectiva de compreensão dos processos e não de produtos, isto é, de elaboração de "manuais" técnicos destinados à montagem de planos, estratégias e ações. Por exemplo, a Sociologia, compreensiva ou interpretativa, pode fornecer referencial pertinente para se estudarem os processos de interação comunicativa entre os interlocutores e públicos das organizações. Da mesma forma, a Antropologia pode subsidiar os estudos sobre a formação de identidades, a diversidade cultural, a cultura organizacional, enfim, fundamentar inúmeros aspectos socioculturais e políticos que poderão enriquecer as análises das práticas de comunicação nas organizações.

Considerações finais

Com base nas reflexões desenvolvidas neste artigo sobre os desafios e as possibilidades de interface da comunicação organizacional com outras áreas de conhecimento, é possível sugerir dois encaminhamentos práticos ao grupo de pesquisa Comunicação no contexto organizacional: aspectos teórico-conceituais. O primeiro refere-se à necessidade de esse grupo dar continuidade às suas iniciativas acadêmicas, intensificando a metapesquisa dessa subárea de conhecimento de forma articulada à produção do saber comunicacional. A autorreflexão sistemática e crítica da produção científica da comunicação organizacional, em termos de objetos, problemáticas e aportes teórico-conceituais e metodológicos, é, possivelmente, um dos investimentos prioritários para se redirecionar epistemologicamente esse saber especializado e estabelecer programas de pesquisa que proponham novas agendas, linhas e objetos de investigação.

Como desdobramento do anterior, propõe-se um segundo encaminhamento, que diz respeito às possibilidades de esse grupo contribuir para a melhoria da formação de graduandos e pós-graduandos em comunicação, mediante a criação de mecanismos didático-pedagógicos que estimulem a inserção de disciplinas, conteúdos e métodos de ensino e pesquisa ancorados em concepções mais plurais e processuais da comunicação.

Referências bibliográficas

BRAGA, J. L. Os estudos da interface como espaço de construção do campo da comunicação. In: ENCONTRO DA COMPÓS, 13, 2004. *Anais...* São Bernardo do Campo (SP). [Texto apresentado ao GT de Epistemologia da Comunicação.]

BRAGA, J. L. Comunicação, disciplina indiciária. In: ENCONTRO DA COMPÓS, 16, 2007. *Anais...* Curitiba (PR). [Texto apresentado ao GT de Epistemologia da Comunicação.]

_____. Para começar um projeto de pesquisa. In: PROGRAMA DE PÓS-GRADUAÇÃO EM COMUNICAÇÃO DA UNISINOS, s/d. São Leopoldo (RS). [Texto elaborado para os alunos da Pós-graduação em Comunicação.]

_____. Teoria x objeto de pesquisa. In: PROGRAMA DE PÓS-GRADUAÇÃO EM COMUNICAÇÃO DA UNISINOS, s/d. São Leopoldo (RS). [Texto elaborado para os alunos da Pós-graduação em Comunicação.]

KUNSCH, M. M. K. A função das relações públicas e a prática comunicacional nas organizações. *Organicom – Revista Brasileira de Comunicação Organizacional e Relações Públicas*, São Paulo, ECA-USP, a. 1, n. 1, p. 123-139, ago. 2004.

MUMBY, D. K. Comunicação organizacional. Trad. de Heloíza Matos e alunos para a disciplina Gestão da Comunicação nas Organizações. São Paulo: Faculdade Cásper Líbero, 1. sem, 2006. In: RITZER, G (ed.). *Encyclopedia of sociology*. New York: Blackwell, 2007.

OLIVEIRA, I. de L.; PAULA, C. F. de. Comunicação organizacional e relações públicas: caminhos que se cruzam, entrecruzam ou sobrepõem? In: CONGRESSO BRASILEIRO DE CIÊNCIAS DA COMUNICAÇÃO, XXVIII, 2005. *Anais...* [Trabalho apresentado ao NP 05 – Relações Públicas e Comunicação Organizacional]. Belo Horizonte, 5 a 9 set. 2005.

REIS, M. do C.; COSTA, D. A zona de interseção entre o campo da comunicação e os estudos organizacionais. In: FERREIRA, J. (org.). *Cenários, teorias e epistemologias da comunicação*. Rio de Janeiro: E-Papers, 2007. p. 55-67.

COMUNICAÇÃO DAS ORGANIZAÇÕES: DA VIGILÂNCIA AOS PONTOS DE FUGA

Antônio Fausto Neto

Decorridos 11 anos da virada do século, deparamo-nos com algumas cenas que trazem registros de práticas de sentido e que servem como pretexto para, ao serem examinadas de ângulos de um "paradigma comunicacional", indicar algumas questões relacionadas a cenários e práticas de ação comunicativa, envolvendo instituições e usuários segundo interações promovidas pelos diferentes campos sociais sob a chancela dos tempos da midiatização.

Cena 1 - O País comemora vários índices, inclusive na área da informação, como a implantação da televisão digital; o avanço das interações com a internet, elevando-se o número de usuários, que saltou de 14,3 milhões em 2002 para 42,6 milhões em 2006; e a melhoria de sua inserção no cenário mundial das tecnologias (81ª posição de uma lista de 190 países no uso de aparelhos celulares) (*Folha de S. Paulo*, 2008b). Nesse mesmo momento, um pequeno mosquito, quase imperceptível, instala-se sob as vistas de todos os dispositivos de segurança e de informação, produz no início do novo século uma das maiores epidemias já ocorridas aqui, matando, em apenas um mês, quase cem pessoas somente no Rio de Janeiro, representando 73% das mortes em todo o País (*O Globo*, 2008b, p. 12), somadas aos 275 mil casos de pessoas infectadas com a dengue, em 15 anos (*O Globo*, 2008a, p.1).

A circulação do mosquito deixa a dengue como marca dos seus rastros, fazendo vítimas mais de 50% de pessoas com menos de 14 anos, desafiando os maiores "santuários" de pesquisa em saúde pública, instalados nos locais da própria cena da epidemia, bem como as mais avançadas tecnologias de campanhas de comunicação, como instrumentos de ação simbólica, de natureza preventiva. Torna "moribundos" os aparelhos administrativos, especialmente quanto à natureza e aos fundamentos de suas práticas comunicacionais.

Chama, o pequeno mosquito, atenção para um imenso desafio de ordem simbólica e que não parece ser uma preocupação (ou questão considerada relevante) por parte dos diferentes quadros técnicos engajados no seu combate: os processos de ataque ao mosquito envolvem "manejos de sentidos" muito mais complexos do que "as políticas de aconselhamento", inspiradas em princípios mercadológicos e de que se valem alguns estilos do "campanhismo sanitário". Deixa, nessas condições, estragos nos "radares de prevenção", impondo-se, contudo, como agenda e objeto de manifestações de conversação pública, orquestradas pela cobertura midiática.

Cena 2 – No mesmo momento em que o aedis egypti gerava uma pane sistêmica em vários subsistemas (administrativo, político, sanitário etc.) de diferentes níveis de governo, outra "pane de informação" afetava outros âmbitos da máquina governamental e de algumas de suas políticas: o vazamento de informações sigilosas a respeito dos gastos efetuados com cartão corporativo por parte de figuras da República (*O Globo*, 2008c).

Cena 3 – A estruturação de novos ambientes e os efeitos de suas redes digitais, ao mesmo tempo em que é saudada, reconhecida e instalada em vários domínios da sociabilidade contemporânea, agudiza o mal-estar de pais e educadores. Estes, após acolherem a rede, são obrigados a introduzir, com efeitos inócuos, mecanismos de controle sobre seu uso doméstico e no universo escolar, uma vez que os filhos--estudantes inventam outras formas de uso, driblando a vigilância. Essa "realidade intrusa", sentida como ameaça pelas famílias, chega ao seu ápice quando, em fevereiro de 2008, um adolescente de 16 anos morre, literalmente, no ambiente da rede, que lhe "presta" todos os insumos para pôr fim à vida em tempo real (*Época*, 2008, p. 82).

Cena 4 – Reatualizando escritos de Lévi-Strauss, comunidades indígenas "enfrentam" o estado e suas políticas, mediante rituais com usos e golpes de facões desferidos contra um engenheiro de instituição estatal, que estava lá entre eles, em suas aldeias, produzindo estudos sobre implantação de uma usina hidroelétrica. Duas ações simbólicas se enfrentam ali, construindo sentido segundo diferentes racionalidades e que tratam de apontar para o inevitável "dissenso" entre suas estratégias comunicativas.

Tais registros são aqui tomados como "ganchos" para uma reflexão a respeito da importância da comunicação em ambientes organizacionais, de vasto perfil. De modo específico, sobre um paradoxo que nos parece não ser levado em conta por analistas, estrategistas e pesquisadores: quanto mais são organizadas (sob o ideário da transparência) redes voltadas para encadeamentos e circulação de fluxos, no âmbito do ambiente da crescente midiatização, mais ocorrem descompassos entre suas lógicas e aquelas que emanam dos processos de apropriação desencadeados por seus usuários sociais.

Instaura-se uma defasagem entre sistemas de informação e práticas de uso, apontando-se para efeitos que, não convergindo, chamam atenção para a emergência de "pontos de fuga" que tomam o lugar de processos e de mecanismos de regulações idealizados por políticas e estratégias informacionais. Estando convencido de que os bons trabalhos de pesquisa emergem de registros que se tecem e se estruturam no próprio funcionamento social, acreditamos que esse "método", de se lançar sobre esses "pedaços" de práticas, nos auxiliará em certo modo de tensionamento do tema em apresentação. Antes de ver as organizações como ambientes de regularidades, pretende-se pensá-las como "realidades comunicacionais" envoltas em problemáticas associadas às noções de conflito, incerteza, desregulagem, vigilância, dissenso, para não dizer ruptura.

A metáfora do radar

Há alguns meses, acompanhamos as discussões sobre a criação de "serviços de inteligência" competitiva/social/estratégica no âmbito de instituições educativas. De modo sintético, a questão é colocada nos seguintes termos: em virtude das diversas vidas interna e externa das instituições, caracterizadas por alto grau de instabilidades e de desconhecimentos, é preciso que nelas se instalem mecanismos que produzam ajustes regulatórios, ensejando a previsão, o conhecimento antecipado de situações e a organização de ações que orientem os processos de decisão contra "situações de risco".

Nestas condições, a comunicação aparece associada à noção de "radar", na qualidade de um dispositivo cuja atividade visaria proteger, por meio de captura, processamento, análise e disseminação de informação – as atividades e a vida de uma organização em face das manifestações do ambiente que lhe oferecem perigo ou restrições ao funcionamento. De maneira figurada, evoca-se a noção de "radar" para nomear e caracterizar esse "processo de inteligência", referência, na prática, concebida como determinada modalidade de uma "ação comunicacional".

Mesmo sem entrarmos na descrição procedimental desse dispositivo, não seria difícil prever que este se instala no "ambiente organizacional" para vasculhar os ambientes interno e externo, apoiando-se em operações de coleta, classificação, avaliação e circulação de informações. Um método que visaria, entre outras coisas, corrigir estratégias, ao introduzir mecanismos de regulação em ambientes, nas suas dinâmicas complexas, cujas manifestações e suas ressonâncias não poderiam se instalar e se desenvolver sem que pudessem ser olhados ou captados por um sistema de vigilância e/ou de capturas.

Trata-se, assim de um observador agindo sobre outras observações. Ou, se preferirmos, ações de vigilância sobre os efeitos de outras ações, o que, na prática, seria a informação intervindo na informação. No que diz respeito ao ambiente organizacional, tratar-se-ia de um processo de regulação de ambientes e suas dinâmicas, interferindo em suas complexidades, redesenhando e reorganizando as estruturas de interação na vida contemporânea. Uma tentativa de reintrodução da assepsia no lugar da sujeira, o que parece ser uma "missão" contraditória, uma vez que esses processos e suas lógicas não podem assegurar novas uniformidades em ambientes estruturados em torno das diversidades de lógicas. É sabido que a proliferação de redes, permeando as vidas pessoal e institucional, e o intenso processo de conexismo não asseguram, necessariamente, a transparência. Pelo contrário, vingam a opacidade, com a permanência do "obscuro", ou a diversidade considerada ocorrência de "desvios". Na prática, como se manifesta essa desafagem?

Quando pensamos a oferta/o consumo de bens de inteligência como objetos sociotécnicos, ou informações, suas vendas são estimuladas com base no argumento construído sob uma simbólica que chama atenção de um outro modo, para eficácia do bem em oferta: é "hora de se ter um telefone inteligente". Mas, ao mesmo tempo, recomenda-se, pela voz dos consultores, como peritos dessa nova realidade, as boas e novas formas de usos, ao se indicarem os corretos procedimentos de apropriação desses bens, justificados em torno de pressupostos regulatórios: "sou totalmente a favor dos smartphones, mas desde que usados com inteligência (...); ter um blackberry é ótimo, mas desde que usado com inteligência" (Werneck, 2007, p. 116). Visam, assim, os consultores, transformar "sistemas abstratos" em realidades palpáveis, fazendo emergir não só a oferta, os meios que asseguram a sua compreensão, mas também determinados processos de usos como mecanismos envoltos em presumíveis efeitos sociosimbólicos.

O grande desafio – na condição de razões que justificam a intervenção desses dispositivos em macro e microsituações de práticas organizacionais – está no fato de que a lógica sobre a qual se sustenta o funcionamento de novas paisagens de interação e de consumo de bens é atravessada por outras lógicas, envoltas em diferentes postulados de apropriação, segundo complexas operações enunciativas dos sujeitos (Certeau, 1996), fazendo aparecer, ou não, na tela do radar, "pontos de fuga", redesenho das ofertas pela invenção de novas informações, produzindo indeterminações e inevitáveis descontinuidades. Tal interação assimétrica de desvios no lugar da regularidade enseja horizontes de interrogação: o medo da organização, ameaçada pela estratégia do outro, a do "inimigo externo" definido como concorrente. Ou o desafio para se instalar novos métodos que possam captar o outro, consumidor, usuário etc. nas próprias errâncias de suas "estratégias desviantes".

A comunicação como regulação

A noção comunicacional aparece definida como um mecanismo corretor, no intuito de sanear a instabilidade e proporcionar a clareza. Os fundamentos dessa nova "lógica comunicacional" acenam com mais controle sobre a organização; integração de processos que garantam interação; confiabilidade de informações; novas formas de gestão das pessoas (não basta contratar pessoas, é preciso ter um time coeso, com "espírito de equipe", lembra o bordão).

Ou seja, introduz-se a comunicação como um mecanismo de regulação, retirando as possibilidades de paradoxos, sem que se pergunte até que ponto o dissenso interacional não estaria relacionado com a própria comunicação, como uma interação que não se realiza em termos simétricos. Trata-se da instalação da lógica da vigilância sistemática e do "sobreaviso" flutuante, o que significa a criação no ambiente de uma lógica de alerta.

Tais manifestações de "operação antecipatória" sobre ambientes organizacionais como "realidades de comunicação e de produção de sentido" deveriam destacar o interesse da investigação, por se tratar de excelente objeto que interroga as teorias de comunicação, especialmente, aquelas que são tomadas como referência nos estudos sobre as organizações, mas que deixam de fora construções que, certamente, lhe produziriam interrogações muito interessantes.

Caberia perguntar: o que seria uma boa formulação para estudos comunicacionais sobre os descompassos das interações em ambientes, ou em projetos pensados com graus tão elevados de regulação? Ou seja, por que a problemática das incertezas e das defasagens se sucede em ambientes organizacionais, ou em práticas sociais tão bem ajustadas, que se estruturam em lógicas e modelos, cujos fundamentos falam de alta predição, mas que, finalmente, precisam desenvolver a experimentação de protocolos de vigilância, como possibilidade de retorno das regularidades? Por que o panóptico, enquanto metáfora da vigilância, não está dando conta de suas funções fiscalizatórias e regulatórias? Por que as instituições não controlam suas próprias fronteiras, parafraseando Freud, quando nos diz que o sujeito já não é dono de sua própria morada? Por que os sistemas não controlam as operações que ensejam novas operações no cerne das quais se engendram os desajustes? Afinal, por que o "apagão" irrompe no lugar da "luminosidade"?

Regulação ou apagão?

Essas construções interrogativas nos levam, ao lado das cenas anteriormente lembradas, a fazer associações das panes suscitadas pelo "ciclo de apagão", como uma problemática de comunicação, como falhas, perdas de regularidade, dissensos nos processos tecnossimbólicos, que estruturariam e gerariam sentidos idealizados no âmbito da vida das instituições. Outrora, o apagão político (censura, tortura, ditadura); hoje, o apagão tecnoburocrático. Curiosamente, o "apagão", ao mesmo tempo em que traz consigo os elementos que lhe dão origem, aponta igualmente suas "sobras" que se tornam objeto dos discursos analisadores.

A introdução de inovações e, de modo mais específico, de serviços para monitorar suas aplicações não gera, necessariamente, os efeitos presumidos. Os procedimentos instalados para assegurar as regulações necessárias para consecução dos fins entram pelos desvios produzidos sobre as lógicas previstas, também em pane, não respondendo aos seus objetivos. São vencidos pelos "inimigos externos", ou "internos", que se instalam no centro da vida sociosimbólica das organizações, de suas políticas e das interações antevistas, promovendo rupturas ou mesmo "devastações" em estratégias de produção de vigilância, como operações de sentido. Em suma, na perspectiva de um foco teórico funcional, a atividade comunicacional aí experimentada produz-se em torno de interações assimétricas e incongruentes.

Recordemos um pouco alguns "dissensos" que se passam na paisagem brasileira recente e que servem para exemplificar a questão comunicacional como uma problemática que escapa aos dispositivos regulatórios e às suas lógicas, como problemáticas de comunicação. O "apagão penitenciário", com a crise do sistema penitenciário-carcerário, irrompe, em um certo momento, com a "revolução dos celulares" impondo uma derrota ao sistema de segurança paulista, em um cenário, dentre outros aspectos, de destruição, fugas e vítimas.

Entretanto, o celular como invenção sociotécnica, e que aparece nesse aspecto como um dispositivo de "estratégias desviantes", não pode ser compreendido divorciado das "lógicas oficiais". Estas, certamente, disporiam de solução para contê-lo, mas atravessada por uma contradição. Frear a circulação do pequeno aparelho no ambiente carcerário implicaria desmobilizar torres e antenas que estariam a serviço de políticas cujas funções transcenderiam os limites dos próprios presídios. Assim sendo, como desativá-las?

Um acontecimento tecido na lógica informacional parece se encadear a um outro: após essa manifestação da "revolução do celular", aparelhos criminais têm acesso às antenas de televisão, onde fazem a leitura de um manifesto sobre a situação carcerária, com base em um sequestro de funcionários midiáticos e de várias operações que se apoiam na existência da cultura e do ambiente da midiatização. Ou seja, os fundamentos das redes e das lógicas da midiatização subsidiam grupos ligados ao crime organizado, deles fazendo uso e promovendo seu acesso, em termos de discurso, a uma rede de televisão, provocando, entre outras coisas, pela operação engendrada, máculas profundas na estética visual televisiva vigente (Fausto Neto, 2006b):

- O "apagão aéreo", cujos "sintomas" explícitos foram dois desastres aéreos: o primeiro para indicar a sua manifestação e o segundo para evidenciar o quadro de metástase, instalado no próprio sistema e cuja agonia continua aberta, ainda que contida em alguns dos seus aspectos, conjunturalmente, mais graves;
- Já de longa data, o "apagão energético", que ameaça nos revistar, como se o mesmo se construísse em uma espécie de crônica anunciada, e sobre o qual as agências especializadas nada dizem do que fazem com seus radares, para corrigir ou debelar as intempéries;
- Também o "apagão sanitário", com a descoberta feita por uma operação policial e não pelos serviços especializados do radar, ao revelar a contaminação do leite que se bebe com uso indevido de soda cáustica.

A crise introduzida pelo avanço dos protocolos da convergência digital e da presença de seus dispositivos e seus serviços, em ambientes familiares e educativos, tem seus mecanismos reguladores à deriva, diante do avanço das plataformas circulatórias de bens tecnocomputacionais. Registra-se um aumento, nas residências brasileiras, de 2006 para 2007, do uso de microcomputadores e da internet, elevando-se o número de usuários de computador para quase 53 milhões e o de acesso à internet, entre janeiro e março de 2008, para 44,9 milhões de pessoas. O acesso aos locais pagos (lan houses e cibercafés) passou de 30% para 49%, sendo que a região Nordeste "é a que tem, proporcionalmente, o maior número de lan houses (52,8 dos internautas da região usam a rede de pontos pagos)" (*Folha de S. Paulo*, 2008c, p. 3). As conexões de banda larga estão presentes em 50% dos lares que possuem internet, representando um aumento de 50% em relação a 2006.

Esses novos dispositivos se mesclam em todos os ambientes sociais e funcionais, como telecentros, favelas, salões de cabeleireiros, alguns funcionando em regime de 24 horas e nos quais o Orkut, o MSN e os jogos são os principais atrativos de moradores da periferia. As lan houses ou os cibercafés de São Paulo são frequentados por pessoas, na sua maioria, entre 10 e 25 anos, sendo que 69,4% usam a rede com propósitos pessoais, segundo dados de pesquisa 2006 feita em 2006 pelo Centro de Estudos sobre Tecnologias da Informação e da Comunicação – Cetic (*Folha de S.Paulo*, 2008a). O uso privado dessas redes introduz novas e crescentes formas de interações nesses ambientes, segundo dados relativos à pesquisa feita entre 2004 e 2007 pelo Ibope.

Entre crianças que usam a internet, 68% o fazem com objetivo de pesquisar o Google; 66%, para bater papo no MSN ou ICQ; 63%, para juntar-se às comunidades no Orkut; 56%, para mandar mensagens; 52%, para jogar games on-line; 39%, para ouvir músicas; 22%, para trabalhos de escola; 20%, para pesquisar imagens; e 13%, para visitar ou alimentar seus próprios fotologs (*Veja*, 2007). O impacto destas modalidades de interação a distância sobre os hábitos de filhos estudantes é claro e algo que tem mudado os cenários das vidas familiar e educacional.

Essas formas de contato entre jovens e tecnologias têm obrigado educadores e pais a reformularem os protocolos de funcionamento das rotinas de suas práticas. Usam vários métodos para acompanhar o acesso dos seus filhos e alunos às redes: da proibição do acesso físico aos ambientes computacionais até a introdução de senhas desconhecidas pelos filhos usuários e a seleção de programas, via aquisição de programa contendo novos dispositivos e vigilância na relação dos jovens com as máquinas eletrônicas.

Entretanto, os jovens, no próprio ambiente, ou em função da portabilidade dos aparelhos, driblam as restrições de pais e de educadores, quando castigados e impossibilitados de ter acesso às máquinas: "Quando isso acontece [ficar longe das redes de relacionamento], ligo para as minhas amigas e peço para elas entrarem na minha página e lerem todos os meus scraps para mim" (*Folha de S.Paulo*, 2008d, p. 6-7). As preocupações escolares e familiares parecem em vão, diante da eficácia desses assistentes pessoais digitais (Asped), entre os quais o celular, que colaboram para o fato de que as "conversas por mensagem de texto excluem os pais e reafirmam privacidade proporcionada pelos aparelhos tecnológicos pessoais" (*Folha de S.Paulo*, 2008c, p. 25).

Essas transformações no próprio ambiente da midiatização, pela integração de várias tecnologias, fazendo emergir novas plataformas não apenas de produção, mas de circulação, incidirão cabalmente sobre a organização das novas formas de vida, especialmente dos processos de interação de grupos e de organizações, tudo fazendo crer que se vincularão por ligações sociotécnicas. Exemplificação dessa tendência, que se materializaria em cenário previsto para 2012, é o fato de as pessoas não desejarem mais consumir conteúdos individualmente, mas o fazerem em novas condições de circulação, pelo celular. Ou seja, compartilhá-los, recriá-los e reinventá-los, passando entre grupos. Os conteúdos circularão entre amigos que não necessariamente estarão juntos.

Em um futuro mais imediato, seria o fortalecimento do avanço no ambiente da internet das chamadas redes sociais, algo que representa o funcionamento de novos formatos de interação, mas nada se poderia predizer sobre seus avanços à margem de controles de empresas. Tais efeitos são sentidos em vários quadrantes de diferentes cenários culturais, linguísticos, políticos, educacionais e educativos, chamando atenção para a contradição: a introdução da rede é um avanço, do ponto de vista de indicador tecnocomunicacional, mas oferece ameaça a diferentes práticas que constituem o arcabouço moral-ético, psíquico etc., de gerações, em diferentes países. Nesse sentido, o Reino Unido debate a eficácia do controle de conteúdos inapropriados. De um lado, recomenda-se mais vigilância por parte dos órgãos reguladores que cuidam dessas políticas, algumas das quais se repetem entre diferentes países, como é o caso de portaria que restringe exibição de materiais em determinados horários.

Sobre o uso de ferramentas eletrônicas de maneira maciça e fora do controle de portarias que regulam condições do seu acesso, por faixa etária, alega-se, por outro lado, que o único modo de coibi-las se daria por meio de campanhas ou de estratégias nacionais, envolvendo-se vários segmentos da sociedade, especialmente pais, que deveriam ser objeto (foco) de campanhas com vistas a entender os mecanismos de funcionamento dos dispositivos de controle sobre o acesso, além de serem alertados sobre os materiais que estão sendo disponibilizados para seus filhos (*O Globo*, 2008d).

Tais problemáticas sinalizam, de modo direto, ou não, para o fracasso dos radares e de suas operações, e, em alguns casos, para novas formas de controles, sem que se leve em conta a astúcia das "estratégias desviantes". As estratégias previstas são apenas pequenos muros de contenção, na medida em que somos indiferentes à complexidade dos dispositivos e de suas tramas, cujas reformulações não passariam necessariamente pelas "ações proibitivas". *Como proibir o que, estruturalmente, protocolos de gestão educativa e pedagógica não previram; por exemplo, o mundo funcionando segundo os ditames dessa nova ambiência sociotécnica?* Não basta introduzir o novo vigia. Subsiste a questão: quem vigia ou avalia o vigilante?

O imprevisível, não domado, se instala em várias dimensões de nossas vidas, e nós, no lugar de formular suspeitas sobre esse "aparelho de vigilância", pedimos, paradoxalmente, mais vigilância. Ou seja, mais instrumentos e procedimentos que possam, de fato, vigiar a inovação (a internet, a televisão, os celulares, os jogos etc.). Já não basta denunciar a invasão sofrida. É preciso buscar outros métodos que possam evitar a próxima falha do radar. Assim sendo, opta-se por mais vigilância, substituindo o radar, ou suas técnicas investigativas, em função de novas operações de "defesa". Constituímo-nos, por nossas demandas, em um novo mercado de consumo de inovações pró-vigilância.

Deambulamos entre duas posições: denunciamos, por um lado, os efeitos dos objetos e chegamos mesmo, em vários casos, a criticar a vigência da cultura, da lógica e da pedagogia fiscalizatória, por meio do "sobreaviso" do panóptico. Contudo, enquanto "ação comunicativa", optamos pela disseminação e intensificação da lógica e da cultura do radar, e, nestas condições, elegemos a comunicação e suas práticas – reduzida a uma ação de vigilância –, na certeza de que nos proporcionará o retorno a uma realidade de estabilidade, determinação, previsão, não ruptura, em suma, de não dissenso.

Essa problemática, relacionada com o imperativo dos processos regulatórios no mundo das organizações, nasce de um paradoxo que se efetiva na própria esfera do mundo organizacional. Se a oferta dos bens para fins de consumo se processa segundo padrões e cenários de convergência, e ainda em disposições de homogeneização, os processos de apropriação – ou, se quiserem, de contato dos indivíduos com os produtos gerados – se dão cada vez mais em cima de situações de diferenças. Ou seja, instalam-se duas dinâmicas que tratam de apontar para inevitáveis defasagens entre produção-consumo. Ainda que a homogeneização da produção se diferencie na esfera dos produtos, ou nos modos de sua oferta, esta não se efetiva como ela é, em situação de consumo, em face da própria heterogeneidade que caracteriza o mundo dos consumidores.

Não se trata de heterogeneidades apenas de natureza sociodemográfica, mas que remetem também à problemática de construções de sentido, de operações simbólicas. As dinâmicas sobre as quais se instala a vida material e simbólica da organização e seus parceiros externos são, por natureza, marcadas por um "desajuste", e, nestas condições, é que se inventa dispositivo cujas soluções visam capturar o "jogo do concorrente" ou as inquietudes do cliente, segundo a atividade do radar; algo que se assentaria na criação, por parte do próprio mundo da organização, de modalidades de interação que permitem a voz do consumidor fluir até o próprio nicho produtivo.

Sem dúvida, é uma formulação arquitetônica que se expressa em operações que são reguladas, em última análise, pela própria esfera produtiva. As cartas enviadas aos jornais, por leitores, não seriam um bom exemplo? Busca-se, com isso, estabelecer as previsões de perigos, mas, ao mesmo tempo, corrigir, ou prever, os efeitos das "estratégias desviantes" ou mesmo dos "pontos de fuga".

A terapêutica comunicacional posta em marcha não pode, afinal de contas, desmontar estruturalmente a própria "dinâmica de desajuste do processo "interacional". Prefere evidenciar os efeitos de seus remendos, a serviço de uma "estratégia da completude". Atua sobre os efeitos das próprias desarticulações, considerdas rupturas. Daí, consequentemente, só resta, como nova escalada de vigilância, introduzir "dispositivos-programas" que interfiram no processo da circulação. Por exemplo, restringe-se, com filtros, o agir dos jovens adolescentes sobre a plataforma, o que não significa o controle destes sobre a própria internet.

Vem do próprio mundo empresarial um registro sobre os dilemas de como pensar e mesmo enfrentar essas relações de "desajuste" nas suas relações com seus clientes. Especialmente, quando acha que o cliente pode se transformar em uma espécie de "amigo ingrato", para não dizer, em um "traidor". O que é melhor, perguntam as reflexões sobre os impasses que marcam as relações entre empresa e cliente: que uma empresa mantenha uma aura mística, cheia de segredos sobre suas habilidades e serviços, ou que permita que seus clientes "entrem na cozinha"? (Gol, 2007).

A indagação remete à problemática de uma nova interação, de fundo simétrico, na qual os níveis de regulação permitiriam um deslocamento do mundo dos consumidores para a própria cena do processo da produção. Ao constatar nas pesquisas que, quando "os clientes (...) adquirem mais conhecimento sobre o mercado de serviço, sua lealdade diminui", os autores concluíram que não pode haver ruptura em um protocolo comunicacional assimétrico. Que a regulação, ainda que relativizada, deve ser mantida como possibilidade. Enfatizam que devem ser criados zonas fluidas, ou seja, que permitam apenas uma estrada parcial ao cliente. Ou seja, entendam-se por "fronteiras porosas" as estratégias que visam instituir vigilância, mas com flexibilizações.

O exemplo enseja a evidência de uma noção de "estratégia comunicacional", que pressupõe a organização de um processo de interação segundo regras de controle que vão qualificar as relações que vinculam empresa e cliente. Mas é preciso qualificar, de um outro modo, o papel do elemento comunicacional na constituição e no funcionamento das organizações, uma vez que, segundo o foco de nossas reflexões, procuramos mostrar que a comunicação não pode gerar um modelo de interação pautado em simetrias, considerando-se que a natureza da ação comunicacional se faz em meio a processos de defasagem e de complexidade. Assim, a questão não é o ato comunicacional em si (ainda que tenhamos que problematizá-lo), mas a discussão de pressupostos sobre os quais se assenta essa matriz de comunicação, apontada como elemento de regulação.

A indeterminação como mola?

Na arquitetura do modelo citado, a noção de "radar" atribui à comunicação uma atividade que, ainda que central, é de fundo instrumental. Nela, privilegia-se a processualidade em si das redes e dos seus fluxos, circunstância em que as linguagens estariam a serviço de uma determinação de um ponto de vista intencional do próprio sistema. Os limites do ambiente seriam, assim, definidos dentro de um cenário consciencial e no qual os atores teriam pleno domínio das operações e das estratégias que gerariam os "atos de controle" de funcionamento do próprio sistema. Coleta, processamento, análise e disseminação seriam operações cujas complexidades estariam no próprio domínio do sistema que as engendra, o que equivale a dizer o desconhecimento de outros fatores, não determinantes e que poderiam causar novos acontecimentos sobre as rotinas do sistema.

Introduzimos, assim, a questão do papel da linguagem na constituição e no funcionamento das organizações, de uma outra perspectiva. No lugar de considerá-las como instrumentos ou insumos, atribuímos a ela uma dimensão central, na medida em que engendra o trabalho dos atores na constituição/decifração de mensagens. Em vez, apenas, de uma matéria auxiliar, a linguagem é aquela que constitui o que chamaremos de "ordem discursiva", na qualidade de possibilidades de sentidos. Se falamos de uma ordem discursiva, significa dizer que é algo que transcende, e é nela que se conectam atores em posição de produtores e receptores de mensagens. Significa que produtor e receptor ocupam posições diferentes, na medida em que o ato que os une, como comunicação, se realiza com base gramáticas, em regras, e estratégias que tratam de diferenciar o *status* de cada um.

Essa estrutural diferença a caracterizar o trabalho de produção de mensagem remete a pensar a questão dos sentidos não como uma atribuição específica e unilateral de um ou de outro interlocutor. Pelo contrário, o sentido se faria em decorrência de um "feixe de relações", o que admite que os efeitos de uma mensagem não estariam na competência específica de um dos polos (produção/recepção), uma vez que nem um nem outro podem estabelecer *a priori* os modos como seu interlocutor lidará com a mensagem que lhe foi destinada. Vale lembrar que, se o trabalho do indivíduo em produzir mensagens está subordinado a complexas situações, até mesmo determinadas pelas injunções da própria linguagem, significa admitir, igualmente, que o sujeito não controla o próprio discurso que profere. Consequentemente, é plausível admitir que os efeitos existem, mas se produzem em meio a situações de complexas indeterminações constituídas por inevitáveis intervalos e descompassos.

Nessas condições, a comunicação não é um ato de atribuição de sentidos, que se realizaria automaticamente entre produtor e receptor. Pelo contrário, é um jogo no qual a questão dos sentidos se engendra em meio às disputas de estratégias e de operações de enunciação. O que isso teria a ver com a noção da organização e o *status* das linguagens em seu funcionamento?

Conforme se ressaltou, mostrar a ação comunicacional não repousa apenas em fluxos que obedeceriam a comandos, mas como um trabalho dinamizado em torno de estratégias que expõem e aquelas outras que se apropriam de um lugar distinto, o que lhe é proposto pelo campo da oferta. É essa defasagem de condições de produção e de reconhecimento que instala a comunicação como uma realidade de complexidades, uma vez que distintas posições de produção/recepção fazem com que os efeitos se coloquem sempre no âmbito de indeterminações.

Os efeitos dessa defasagem são vistos pelas análises dos processos organizacionais como "ruídos", "perturbações" etc., e é em função deles que se buscam os mecanismos corretores. Na realidade, esses fenômenos são as molas constituintes de novas possibilidades dos reconhecimentos de sentidos diversos. Não se trata de corrigir a comunicação, reposicionando-a em um lugar de estabilidade, mas de admitir que é na diversidade de sentidos produzidos em "feixes de relações" que se constitui a multinatureza da vida das próprias organizações.

Afinal de contas, uma determinada organização não é, hoje, um universo fechado e monotemático, na medida em que está atravessada por fragmentos e injunções de multitemas e de problemas dos diferentes campos sociais, e, a seu turno, sempre em processos de disputas de pontos de vista. Se defasagens já existem no ato de comunicação face a face, maior será a sua complexidade em estratégias que se constituem em ambientes sem uniformidade social e nos quais as condições de produção de sentido se tornam cada vez indefinidas, *a priori* (Verón, 2004).

Ao projetar essas questões sobre a vida das organizações, pode-se dizer que estas constituem, em meio à multiplicidade de agendas, objeto de transações relacionais e múltiplas, umas com as outras, pondo em jogo suas diferenças e multiplicidades. Fala-se muito em agenda/agendamento, mas tomando-se como pressuposto a ideia de que a agenda realiza inercial e automaticamente o ponto de vista do seu formulador, junto com o espaço do interlocutor. Essas teorias devem ser problematizadas, pois pertencem ao paradigma da intencionalidade, segundo o qual sua dinâmica trataria de realizar, de um ponto de vista automático, as determinações de suas intenções.

As estratégias que se valem do conceito de agendamento se fundam no ponto de vista linear, para o qual a questão dos efeitos estaria associada, unicamente, à eficácia da mensagem em oferta na estratégia. Mas se pode objetar dizendo que a questão dos efeitos não estaria na mensagem em si, na qualidade de um objeto autônomo, mas nas articulações que estruturam o encontro produção/recepção (Verón, 2004).

O "radar" é um dispositivo que, conforme demonstramos, se institui para regular essa articulação, como se tal possibilidade residisse, dessa perspectiva, apenas no âmbito produtor da estratégia. Mas, em virtude de uma "ruptura do contato", entre produtores e receptores, que passa a ser mediado por novas mediações, as estratégias circulam segundo novas condições, inclusive de temporalidades, sobre as quais nenhum dos polos dispõe da possibilidade de, efetivamente, regular sentidos. Em vez de pensarmos no poder de uma agenda, é preciso reconhecer que o trabalho do sentido se faz em meio a transações de agendas, por naturezas singulares e não convergentes e que disputam entre si, gerando situações de indeterminação (Charron, 1998), sendo que nem um nem outro têm possibilidades de estabelecer regulações definidas unilateralmente.

Isso significa dizer que o radar não dá conta dessa realidade, na medida em que visa restaurar a lógica de uma ação comunicacional e cujo processo não se encontra mais fixado no âmbito da instância de produção. Captar o ambiente da lógica da produção supõe não enxergar os "ruídos" que se instituem outro âmbito, o da recepção ou, diríamos, "entre os dois", pois seu olhar está preparado apenas para nomear e classificar fenômenos com base nas lógicas instituídas nas próprias fronteiras do âmbito produtivo da estratégia organizacional. É isso o que faz a pesquisa orientada para *feedback*, por exemplo, mas esta não consegue apreender "errâncias" outras, resultantes de operações de produção de sentido, que, na condição de estratégias desviantes, entram na cozinha da produção sem sua devida autorização. Ou então migram para os "pontos de fuga", algo não abordado pela investigação (Certeau, 2003).

Investigações mostram essas defasagens, apesar do "radar", quando visitantes de exposições traçam o seu roteiro na amostra, segundo motivações e estratégias completamente distintas do que sugerem as instruções dos organizadores. Telefiéis, receptores de programas religiosos, são transformados em uma imensa "tipologia" de indivíduos que contatam os programas, distintos, portanto, de uma abstrata noção de apenas telespectadores. Jovens estudantes redesenham os protocolos de emissões educativas e seus objetos, dando-lhes destinos totalmente equidistantes daqueles previstos pelas estratégias dos aparelhos educativos. Em suma, existe de fato um acesso dos indivíduos às mensagens, mas complexas e diferentes operações de sentidos por eles realizados tratam de apontar a realidade das defasagens entre lógicas de ofertas e postulados efetivos de utilidades (Verón, 1989; Fausto Neto, 2006; Fausto Neto, 2000).

Os desafios impostos por essas configurações de dissensos se acentuam na medida em que as organizações passam a estruturar a sua ambiência, tomando, por exemplo, o modo de existência da midiatização como referência (Fausto Neto, 2006). As organizações passam a definir as possibilidades de se fazerem reconhecer, segundo lógica, cultura e operações de natureza midiáticas, seja por meio de processos de apropriação, seja ainda pelas importâncias que essas referências representam para as rotinas de suas ações comunicacionais.

A existência da midiatização como uma nova ambiência, gerando uma nova forma de vida, e a própria noção contemporânea de esfera pública afetam o modo de ser das instituições, na medida em que suas "leis" se inscrevem nos diferentes campos sociais (educação, religioso, jurídico, saúde, esportivo, político) ou são tomadas como referências por suas estratégias. As mídias já não são apenas dispositivos que tratam de organizar a interação entre os demais campos, representando-os na esfera pública, conforme se dava na "sociedade dos meios".

Hoje, as mídias, por meio de sua cultura e de suas operações, instalam-se nas diferentes práticas dos campos sociais, apresentando-se como uma das condições de produção dos discursos que promoverão a sua visibilidade e, consequentemente, sua legitimidade. A política se faz forma e ela não se contata mais com os cidadãos se não estabelecer formas de vínculos permeados pela "política do olhar televisional". Os peritos científicos transformam "sistemas abstratos" em realidades palpáveis traduzidos pelas operações interpretantes das mídias. A noção de Deus já não é uma realidade transcendental, mas se faz um "aqui e agora", segundo as estratégias de um discurso que transforma a crença em protocolos de experimentação midiática e as velhas em novas escrituras.

Máquinas se instalam nos ambientes dos juízes mediando a organização de suas decisões sobre processos jurídicos. O mesmo aparato policial que apreende dinheiro em poder de funcionário de partido político midiatiza, por meio de um graduado funcionário, as imagens do dinheiro, tratando não só de fotografá-las, mas reproduzi-las, na forma de disquetes, e de orientar jornalistas como deseja vê-las inseridas em seus suportes midiáticos, especialmente os televisivos. A polícia, pressionada pela lógica de mídias concorrentes e também por motivações mercadológicas, repete a operação em que simula uma "invasão na favela". Já não são operações proporcionadas por especialistas – jornalistas, relações públicas – na condição de mediadores/assessores entre as suas instituições e as mídias, mas pelos efeitos de inscrição das lógicas e operações da midiatização perante as estratégias que orientam as "políticas de sentido" das organizações como, dissemos, possibilidades dos seus reconhecimentos. Dirigentes de empresa aérea preparam-se em media training para lidar com as repercussões, especialmente emoções, do desastre aéreo acontecido em São Paulo.

Talvez seja impossível prever os efeitos da midiatização sobre as estruturas que vão configurar os novos processos interacionais entre organizações e seus consumidores. Há registros que, a exemplo da "política do radar", sinalizam possíveis modos de lidar com o fenômeno, não obstante as restrições aqui apontadas.

O que é certo é que essa situação produzida pela existência de um novo sistema complexo de tecnologias, convertidas em meios sociotecno discursivos, em situações de produção e de recepção, traz algumas consequências já observáveis como fenômenos em desenvolvimento. Assinalamos apenas alguns, para fins de debate:

a) Contradição entre autonomia crescente dos sistemas de comunicação e a diversidade de seus interlocutores, fragmentados em nichos distintos.

b) A defasagem entre autonomia e fragmentação, a qual leva os sistemas de comunicação a acentuar o próprio lugar autorreferencial, como possibilidade de manutenção do vínculo com os interlocutores.

c) Transformações dos "contratos de leituras" que orientam políticas e estratégias de comunicação entre produção e consumo, como possibilidade de atualizar a qualidade do vínculo entre produção e recepção;

d) O desenho de estratégias que envolvam cada vez mais a compreensão de fenômenos relacionais e não excludentes, conforme sugerimos quando falamos sobre a transação de agendas.

e) Reflexão sobre modelos analíticos na medida em que alguns deles desenham a eficácia de ações comunicacionais, mas não estão equipados para explicar seus efeitos, para além de questões disfuncionais (caso do "modelo radar").

f) Revisão de modelos de investigação sobre a questão da estratégia e dos seus efeitos, ou seja, não considerar a eficácia apenas na mensagem como um componente atomizado, mas levar em conta dimensões que constituem a articulação produção-recepção.

g) Questionamentos sobre o próprio "lugar do observador": Em que medida o trabalho de observação (análise) de estratégias comunicacionais nas organizações não exigiria desvincular o analista dos âmbitos específicos da produção e da recepção, no intuito de que este seja situado em lugar distinto daqueles âmbitos, de modo que possa examinar o jogo como um todo, mas fazendo parte de um outro jogo?

Notas em conclusão: por novas formas de escuta

Os problemas aqui refletidos fazem parte de reflexões desenvolvidas em nossa trajetória da pesquisa e não representam necessariamente problemas resolvidos. Alguns dos registros levantados encontram-se sistematizados em alguns trabalhos. Outros fazem parte de uma agenda de preocupações que se manifestam na atividade docente e, também, na nossa condição de uma espécie de "observador" que transita na condição de um receptor, que resiste à automatização dos processos comunicacionais, vendo-se exercer a condição de um "receptor interessado", uma espécie de leitor.

Não sei se essas questões transitam e, se transitam, qual é a receptividade no mundo organizacional, mas tenho apenas algumas reações interessantes. Por exemplo, algumas dessas questões surpreendem quando suscitam observações sobre um modo diverso de conceber os fundamentos da ação comunicacional. Outras chamam atenção para eventuais observações sobre os limites de alguns postulados tomados como referência na comunicação organizacional.

Há também registros que sinalizam serem essas questões diversas do que a realidade pensa de uma determinada "pragmática comunicacional". De qualquer maneira, subsistem como indicações de que, procedentes do lugar universitário, onde a pesquisa se desenvolve sobre outras temporalidades, possam causar algum efeito. Ainda, que se manifestem "só depois", nos regimes de temporalidade do mundo da prática; até mesmo "surpreendendo-o", na medida em que ele encontre nessas considerações alguma pista suscetível de gerar outros "radares" que possam olhar de outra forma, não apenas para captar, mas, sobretudo, para "escutar de um modo diferente" as razões das indeterminações dos atores em situações de interação. Ou seja, para desenvolver novas formas de escuta que sejam voltadas para novas compreensões e não apenas para a regulação dos sentidos ali aflorados.

Referências bibliográficas

BOURDIEU, P. *Coisas ditas*. São Paulo: Brasiliense, 1990.

CAPRA, F. *A teia da vida:* uma nova compreensão científica dos sistemas vivos. São Paulo: Cultrix, 2001.

CHARRON, J. Los médios y las fuentes. In: MOUCHON, J. *Comunicación y política*. Barcelona: Gedisa, 1998.

CERTEAU, M. de. *A invenção do cotidiano*. Petrópolis: Vozes, 2003.

ÉPOCA. Suicídio.com: sites da internet incentivam adolescentes como o gaúcho Yoñlu a se matar e ajudam a escolher o método. *Revista Época*, Rio de Janeiro, Editora Globo, 11 fev. 2008, p.82.

FABRI, P. *Tácticas de los signos*. Barcelona: Gedisa, 1995.

FAUSTO NETO, A. *Processos midiáticos e a construção de novas religiosidades:* estratégias de recepção de programas televisivos. Projeto de pesquisa CNPq/Unisinos. São Leopoldo, 2004-2006.

_____. *Ensinando à televisão:* estratégias de recepção da TV Escola. João Pessoa: Editora Universitária, 2000.

_____. Midiatização: prática social, prática de sentido. In: ENCONTRO DA REDE PROSUL: Comunicação, SOCIEDADE E SENTIDO. *Anais...* São Leopoldo, Unisinos, 19/12/2005 a 06/01/2006a.

_____. Contratos de leitura: entre regulações e deslocamentos. In: *Diálogos Possíveis*, Salvador, Faculdade Social da Bahia (FSBA), Salvador, v. 6, 2007.

_____. A deflagração do sentido: estratégias de produção e de captura da recepção. In: SOUSA, M. W. de. *Sujeito, o lado oculto do receptor*. São Paulo: Brasiliense, 1995.

_____. Será que é? Onde estamos? Reflexões sobre a mediatização de um discurso proibido. *Ícone*, Recife, v. 1. n. 9, p. 41-60, 2006b.

FOLHA DE S. PAULO. Maioria dos usuários de pontos públicos pagos são jovens. *Folha de S. Paulo*, 16 jan. 2008a. Caderno de Informática, p. 3.

_____. *Folha de S. Paulo*, 11 fev. 2008b. Informática, p. 3.

_____. Jovens usam celular para criar mundo particular, *Folha de S. Paulo*, 19 mar. 2008c. Caderno de Informática, p. 25.

_____. Conexão cortada. *Folha de S. Paulo*, 05 maio 2008d. Folhateem, p. 6 e 7.

GOL. Trabalhe comigo. *Gol*, São Paulo, n. 67, p. 134, 2007.

HASS, F. Contingência nas ciências físicas. *Cadernos IHU Ideias*, a.5, n. 68, 2007.

LORENZ, E. N. *A essência do caos*. Brasília: UnB, 1996.

LUHMANN, Ni. *A realidade dos meios de comunicação*. São Paulo: Paulus, 2005.

O GLOBO. Rio de janeiro, 23 mar. 2008a, p.1.

_____. Rio de Janeiro, 01 abr. 2008b, p.12.

_____. Abrir a caixa preta. *O Globo*, Rio de Janeiro, 01 abr. 2008c.

_____. Acesso infantil à internet põem em xeque regras de tv. *O Globo*, Rio de Janeiro, 22 maio 2008d, p.29.

PINTO, J. *O ruído e outras inutilidades: ensaios de comunicação e semiótica*. Belo Horizonte: Autêntica, 2002.

PRIGOGINE, I. *O fim das certezas*. São Paulo: Unesp, 1996.

STEVEN, J. *Emergência:* a vida integrada de formigas, cérebros, cidades e softwares. Rio de Janeiro: Jorge Zahar, 2003

VEJA. Escancarada assim é sua casa. *Veja*, São Paulo, 18 jul. 2007.

VERÓN, E. *Fragmentos de um tecido*. São Leopoldo: Unisinos, 2004.

_____. *Ethnographie de l'exposition:* l'espace, le corp set le sens. Paris: Centre Georges Pompidou, 1989.

_____. Les médias en réception: les enjeux de la complexité. *Médias Pouvoirs*, n. 21, mar.1991.

WERNECK, G. Tem mensagem pra você: está na hora de pensar em ter um telefone inteligente. *Gol*, São Paulo, n. 67, p. 116, 2007.

ORGANIZAÇÃO E VISIBILIDADE POLÍTICO-MIDIÁTICA: CONSIDERAÇÕES PRELIMINARES

Teresinha Maria de Carvalho Cruz Pires

Aceita-se, aqui, um convite: desenvolver uma reflexão que privilegie a interface entre comunicação política e comunicação organizacional. Nesse sentido, a ideia é apresentar alguns questionamentos formulados com base nos dados coletados para uma pesquisa que se encontra em seu estágio inicial.

De modo apropriado, Gomes (2004, p. 431) sublinha que as análises realizadas pelos estudiosos que têm pensado a comunicação política têm se restringido ao exame de duas esferas sociais: os agentes do sistema político e o âmbito da comunicação de massa e, desse modo, não dão conta de explicar a política midiática contemporânea por não levarem em consideração "formas de prática da política relacionadas ao que está fora da esfera política, em sentido estrito, principalmente relacionadas à esfera civil, ao público." Gomes (2004, p. 141) considera que a política midiática é aquela que "se realiza na cena pública política ou a ela se destina."

Essa consideração do autor me faz retomar minha dissertação de mestrado em Sociologia, intitulada "Grupos de pressão e imprensa em Minas: mobilizações em torno da Constituinte Federal" defendida em 1992, que tinha por objetivo compreender como diferentes atores surgidos ao longo da transição democrática brasileira se relacionavam com o estado e a mídia. Nesse trabalho, escolhi como foco de análise um momento histórico bem específico: a fase de elaboração da Constituição de 1988, particularmente a discussão sobre os capítulos da Ordem Social e da Ordem Econômica. Tendo optado por esse contexto político, procurei acompanhar o processo de mobilização de três grupos de pressão mineiros: duas entidades de classe patronais (a Federação das Indústrias do Estado de Minas Gerais – Fiemg e a Associação Comercial de Minas – ACM) e uma entidade popular (o Comitê Pró-Participação Popular na Constituinte – MG). Foi feito um acompanhamento minucioso da atuação dessas entidades, desde a instalação da Assembleia Nacional Constituinte, em 1º de fevereiro de 1987, até o dia 2 de setembro de 1988, data de encerramento das votações do projeto constitucional. Foram 19 meses de intensa mobilização registrados quase que diariamente. Acreditava, assim, que não seria possível refletir sobre o papel da imprensa como canal político sem levar em conta a dinâmica do processo do qual faz parte, no caso, o contexto da mobilização dos grupos escolhidos. Para tanto, levaram-se em consideração três níveis de determinação: a organização interna e a expressão política dos grupos estudados; a dinâmica interna dos trabalhos da Assembleia Nacional Constituinte; e a natureza específica dos meios de comunicação.

Cabe ressaltar, que, nesse período, interessava a compreensão do que estava acontecendo para além da política institucional. Avritzer e Costa (2006) salientam que o novo, naqueles estudos sobre o processo de democratização desenvolvidos no âmbito da sociologia, era justamente que eles não se detinham apenas nos processos de construção institucional, mas valorizavam, sobretudo, o exame das interseções entre Estado, instituições políticas e sociedade, "mostrando que nessas interseções habita, precisamente, o movimento de construção da democracia" (Avritzer; Costa, 2006, p. 64). Há que se ressaltar que nesses estudos, segundo os autores, os conceitos de sociedade civil e esfera pública desempenhavam função-chave. É verdade que o uso do conceito de esfera pública ainda se apresentava de modo muito incipiente.

Interessante, ainda, perceber como essa visão da política estritamente institucional extrapola os estudos acadêmicos e também se faz presente no âmbito da cobertura do jornalismo político. Marcelo Beraba, então *ombudsman* da *Folha de S.Paulo*, em sua coluna semanal publicada no final de 2006 e intitulada "O jornalismo político", assinala: "o ano que termina foi uma prova de fogo para o jornalismo político. O modelo de cobertura com foco quase que exclusivo em Brasília e nos partidos políticos já não dá conta da complexidade dos fenômenos que assistimos" (Beraba, 2006). Nesse mesmo texto, o jornalista apresenta também uma análise formulada pelo cientista político Fernando Luiz Abrucio, que assinou, por seis anos e meio, uma coluna semanal no jornal *Valor Econômico*, que tinha por objetivo observar a cena política e a cobertura jornalística. Dentre outros aspectos levantados por Abrucio, destaca-se o seguinte:

> A cobertura de política dos grandes jornais ainda se foca prioritamente no diz-que-diz dos políticos. A cobertura, portanto, é majoritariamente declaratória, concentrando-se no que acontece nos corredores do Congresso e na parte mais politizada do Executivo (Beraba, 2006).

Essas posturas, observadas tanto no âmbito dos estudos de comunicação política, quanto nas editorias de política, sugerem, a meu ver, não só uma nova agenda de pesquisa para os estudiosos de comunicação política e também de comunicação organizacional, como se tratará adiante, mas também evidenciam um desafio a ser enfrentado pelos diversos sujeitos sociais, a fim de elaborarem estratégias comunicacionais que lhes possibilitem transitar na esfera de visibilidade midiática e serem reconhecidos também como sujeitos políticos. Nesse sentido, levantam-se algumas questões: Será que os objetos de pesquisa dos estudiosos de comunicação política não estariam sendo pautados apenas pelo que esses pesquisadores observam na cobertura específica de jornalismo político? Que concepção de esfera pública tem orientado os estudos atuais na área de comunicação política? Nesse sentido, cabe ressaltar a consideração feita por Avritzer e Costa (2004, p. 82) de que,

> malgrado a metáfora espacial que sugere, equivocadamente, a existência de uma localização específica na topografia social, a esfera pública diz respeito mais propriamente a um contexto difuso de relações, no qual se concretizam e condensam intercâmbios comunicativos gerados em diferentes campos da vida social. Tal contexto comunicativo constitui uma arena privilegiada para a observação da maneira como as transformações sociais se processam, o poder político se reconfigura e os novos atores sociais conquistam relevância na política contemporânea.

Por exemplo, por parte das organizações privadas: quais estratégias de contra-agendamento da mídia devem, nesse caso, ser formuladas para que se tenha espaço também na editoria de política? Sabe-se que as organizações privadas, habitualmente, têm tido espaço na editoria de economia e, por vezes, na de cidade. Entretanto, cabe realçar aqui o cunho estratégico, em termos de peso político, que teria sua presença também na editoria de política. Nesse ponto, também é oportuno destacar o que diz Wilson Bueno da Costa (2008), aqui referido no comentário de Scheidt e Barichello (2004, p. 77):

> A atuação da assessoria de imprensa também precisa agir de forma estratégica. Precisa observar a singularidade dos veículos e, dessa forma, viabilizar a busca de diferentes oportunidades de divulgação num mesmo veículo, principalmente em função do processo de cadernização que se pode observar nos jornais e a emergência de inúmeros colunistas. Segundo ele, nessa perspectiva de segmentação, torna-se inadequado o uso do release enquanto comunicado uniforme endereçado ao mailing de imprensa, sem considerar as diferenças dentre os veículos e suas editorias. Ou seja, a assessoria de imprensa deve preocupar-se em analisar a linha editorial de cada veículo, as pautas dos co-

lunistas, as editorias e os cadernos que compõem o jornal e, dessa forma, obter informações que ajudem a desenvolver um bom relacionamento entre a instituição e esses meios de comunicação.

Há que se assinalar também que, de modo distinto dos estudos desenvolvidos na área de comunicação política, é vasta a produção acadêmica sobre o empresariado como sujeito político no Brasil. Mancuso (2007, p. 2) menciona que, "há décadas, o tema tem sido objeto de artigos, dissertações, teses e livros publicados por cientistas sociais brasileiros e estrangeiros." Em seu artigo, intitulado "O empresariado como ator político no Brasil: balanço da literatura e agenda de pesquisa", ele busca demonstrar como essa área de estudos específica se encontra em expansão e sugere sete questões que deveriam orientar a produção de novas pesquisas, de modo a permitir um acúmulo de conhecimento sobre a ação política do empresariado no país:

1) Quais são os atores focalizados?
2) Quais são os alvos desses atores?
3) Que decisões despertam o interesse desses atores?
4) Em que momentos ocorre a atuação política?
5) Qual é a forma da atuação política?
6) Quais são os fins da atuação política?
7) Quais são os resultados da atuação política?

Apresentando tais questões, Mancuso sugere como cada uma delas poderia ser respondida por meio da realização de novas pesquisas empíricas. No entanto, meu propósito, aqui, é contra-argumentar, já que elas deveriam, também, instigar os estudiosos das áreas de comunicação organizacional e comunicação política. Nesse propósito, busco, a seguir, exemplificar a pertinência desse elenco de questões quando o objetivo é examinar como a política midiática se realiza na cena pública ao envolver organizações empresariais, mídia e executivo federal.

No dia 3 de junho de 2008, o jornal *Hoje em Dia* publicou, na editoria Política, matéria assinada por Denise Motta (2008, p. 5), com o título "CDL cobra, de deputado mineiro, voto contra CSS", complementado por este olho: "Empresários vão divulgar, em outdoors, os nomes de quem for a favor do imposto. Transcrevo aqui partes da reportagem:

> Os 53 deputados federais da bancada mineira receberão, a partir de hoje, uma visita do vice-presidente de Assuntos Jurídicos e Tributários da Câmara dos Dirigentes Lojistas (CDL) de Belo Horizonte, Marcelo de Souza e Silva, que fará um apelo para que votem contra a Contribuição Social para a Saúde (CSS), imposto substituto da Contribuição Provisória sobre Movimentação Financeira (CPMF). Além da visita, a CDL da capital planeja a divulgação, por meio de outdoors e anúncios em meios de comunicação, dos nomes dos parlamentares que votaram a favor do tributo.

A intenção, completa Alfeu, é mobilizar a população para que cobre dos políticos uma postura que não sacrifique ainda mais o bolso do contribuinte.

> Alfeu disse também que a CDL de Belo Horizonte integra um movimento radicalmente contra a CSS, em que participam a Confederação Nacional de Dirigentes Lojistas (CNDL), a Confederação Nacional da Indústria (CNI), a Federação das Indústrias de São Paulo (Fiesp) e a Siderúrgica Gerdau.

O presidente da CNDL, Roque Pelizzaro, explicou que cada CDL já possui contratos para campanhas publicitárias de estimulação de vendas, e a divulgação dos nomes dos parlamentares que votarem a favor da CSS seria contemplada dentro dessas verbas. "Fora isso, usaremos também a internet, que é um poderoso meio de comunicação. É preciso pressionar pessoalmente cada deputado para que a CSS não seja aprovada."

Agendamento da mídia e contra-agendamento das organizações

De início, saliente-se que essa matéria ilustra tanto o agendamento da mídia como o contra-agendamento por parte das entidades empresariais. Interessa alertar para o fato de ela ter sido publicada na editoria de política do jornal, o que, em si, não diz respeito ao caso da CDL, como afirma sua assessora de imprensa, Cristina Reis. Assim, é preciso atentar não só para a relevância em termos nacionais do assunto a que ela se refere, mas, também, para a dimensão de conflito envolvendo o Governo e a Câmara, tópicos importantes quanto à noticiabilidade. Vale informar que a reportagem foi um gancho local de uma matéria principal produzida pela sucursal de Brasília de *Hoje em Dia*, intitulada "Temor de derrota pode adiar nova CPMF", que informava sobre a estratégia nacional da Confederação Nacional do Comércio Varejista (CNCV):

> Os deputados dispostos a atender ao apelo do Governo e votar favoravelmente à recriação da CPMF, batizada de CSS (Contribuição Social para a Saúde), enfrentarão a pressão de outdoors espalhados pelas capitais e [em] entroncamentos rodoviários em todo o País. A campanha de divulgação dos nomes dos parlamentares e seus votos é feita pela Confederação Nacional do Comércio Varejista (CNCV) – que reúne 800 mil empresas e mais de mil pontos de vendas. "Fizemos esse mesmo trabalho quando houve a votação da CPMF no ano passado. Agora, vamos retomar porque a população precisa saber como se vota no Congresso. E, o mais importante: separar o "joio do trigo," disse o presidente da CNCV, Roque Pelizzaro Júnior. Vamos manter a sociedade informada, os painéis estarão espalhados pelo Brasil afora", disse ele. A partir de hoje, representantes das CDLs (Câmaras de Dirigentes Lojistas) estarão em Brasília. A ideia é planejar o protesto que as entidades pretendem fazer horas antes de o Projeto de Lei Complementar que cria a CSS ser votado. Nesta quarta-feira, será lançada a Frente Parlamentar do Comércio Varejista, ocasião que será transformada em manifestação contrária ao novo imposto.

Por outro lado, é também visível como os presidentes das entidades ligadas ao comércio varejista buscam não só dar transparência às suas intenções e ações como poder público, mas também esclarecer como utilizarão a mídia para isso. Normalmente os estudos desenvolvidos sobre a interação de empresários com o setor público têm privilegiado seu caráter ilícito.[1] Entretanto, adverte Mancuso (2007, p. 11), "a parcela não ilegal da interação público-privado também oferece um terreno fertilíssimo para a investigação acadêmica, um terreno muito mais acessível e que ainda permanece relativamente inexplorado".

Sobre o contra-agendamento, escreve Silva (2007, p. 85):

> A existência de uma outra agenda-setting, na contramão da primeira, um fenômeno que denominaremos de contra-agendamento, sob a hipótese de trabalho, a de que a sociedade também tem a sua pauta ou, no plural, as suas pautas, e as deseja ver atendidas pela mídia e tenta, diariamente, e sob as mais variadas maneiras, incluir temas nesse espaço público que é a mídia; e na esfera pública que se constitui da tematização polêmica das questões de uma atualidade. Esse "contra-agendamento" compreende um conjunto de atuações, que passam, estrategicamente, pela publicação de conteúdos na mídia e depende, para seu êxito, da forma como o tema objeto de advocacia foi tratado pela mídia, tanto em termos de espaço, quanto em termos de sentido produzido. Pode-se, então, afirmar que o "contra-agendamento" de um tema pode ser parte de uma mobilização social, parte de um plano de enfrentamento de um problema, corporativo ou coletivo. Enumeraremos sete momentos de uma ação articulada com vistas à obtenção de espaço na mídia:
>
> 1) a seleção de um ou mais temas que devem ser oferecidos à mídia, para publicação;
>
> 2) a elaboração de produtos (midiáticos) que devem ser oferecidos aos diversos meios, para publicação;
>
> 3) o planejamento e a execução de ações de *advocacy* junto à mídia, ou seja, tentativas de estabelecimentos de relações de troca entre as organizações e as

---

[1]. Nesse sentido, ver, por exemplo, o capítulo intitulado "A política em cena e os interesses fora de cena", em Gomes (2004).

redações, de forma que se construa um relacionamento mútuo de "fontes" (a primeira, de informação; a segunda, de publicação);

4) a tentativa de influência junto às instâncias de decisão sobre o que é notícia e sobre o que deve ser publicado;

5) o monitoramento e a análise das informações publicadas;

6) o replanejamento de novas ações de advocacia, de modo a se otimizarem quantidade e qualidade dos conteúdos publicados acerca dos temas objeto de advocacia;

7) o melhor aproveitamento dos espaços midiáticos conquistados em ações de sensibilização e de mobilização social (e do qual o *clipping* pode ser um instrumento de mensuração de respostas a uma estratégia de contra-agendamento).

Interessa-me, em um próximo trabalho, refletir sobre esses modos de gestão da política de imagem e produção de visibilidade pública política da Câmara de Dirigentes Lojistas (CDL)[2] de Belo Horizonte. Anote-se que a expressão "política de imagem", segundo Gomes (2004, p. 242),

> indica a prática política naquilo que nela está voltado para a competição pela produção e controle de imagens públicas de personagens e instituições políticas. (...) Considero fundamental a inclusão da discussão sobre a disputa por imagem na agenda do conjunto de estudos da política contemporânea. Parto da premissa de que é preciso ou, pelo menos, possível, mesmo apenas do ponto de vista especulativo, isolar o fenômeno da competição pelo controle e imposição de imagem pública do conjunto das práticas políticas atuais para procurar entender mais em detalhe os seus elementos.

---

2. A CDL de Belo Horizonte, fundada na década de 1960, congrega hoje 9 mil associados. De acordo com seu presidente, Roberto Alfeu Pena Gomes, em entrevista a nós concedida em 14 de maio de 2008, ela "representa pessoas que estão indignadas com 40% de tributos, que veem uma informalidade grande, que querem mais consumidores, uma distribuição de renda maior, enfim, querem mais resultados. Então, eu, como entidade, politicamente tenho que buscar esses caminhos: segurança pública, renda para a sociedade como um todo. (...) Isso é fundamental quando se fala de comércio."

Meu intuito é ver como a CDL planeja e executa suas estratégias de comunicação política para expressar e fazer valer seus interesses, criar e reforçar canais de interlocução com os três poderes, nas esferas estadual e local e, também, legitimar-se perante a sociedade. No caso dessa entidade, serão tratadas tanto as estratégias de contra-agendamento da mídia quanto as estratégias de constituição de veículos de comunicação próprios, como é o caso, por exemplo, da rádio CDL FM, 102,9.

Por fim, cabe chamar a atenção para o fato de cientistas políticos brasileiros, respeitados por sua tradição de pesquisa nessa área destacarem que a politização dos empresários brasileiros é um fato recente. Diniz e Boschi (2008) apontam a direção das mudanças na estrutura organizacional e na concepção do papel das associações empresariais na política nacional:

> O realinhamento do empresariado em torno, não de uma dimensão econômica, mas de uma dimensão propriamente política da estratégia empresarial. Mais especificamente, o que assume o primeiro plano é a necessidade de o empresário recuperar seu protagonismo na implantação do novo regime produtivo pós-reformas orientadas para o mercado, tendo mais voz e maior capacidade de expressar e de fazer valer seus interesses no jogo político. (...) a politização da forma de ação do empresariado, com ênfase na retomada da parceria com setores e áreas institucionais de decisão, incluindo não apenas a atuação no Congresso Nacional, mas também em arenas estatais, como os conselhos econômicos, numa linha similar ao estilo do período desenvolvimentista, porém, sem a tutela estatal e em sintonia com um discurso favorável ao predomínio do mercado sobre a política, com destaque para a atuação das agências regulatórias como forma de fiscalizar e aplicar as regras de funcionamento do mercado. Observa-se, portanto, certa mudança da lógica de ação coletiva do empresariado em direção a uma estratégia política de autonomia, porém sem isolamento do ator-empresário, mas, ao contrário, estreitando os vínculos e redefinindo alianças com os centros de poder.

Assim, se considerarmos que essa nova "dimensão propriamente política da estratégia empresarial" apontada pelos autores significa o ingresso das organizações na política midiática e, portanto, mudanças em sua gestão estratégica e na elaboração de seu planejamento estratégico, não há por que não considerar aí, também, os novos desafios colocados para a comunicação organizacional, tanto em termos da formulação de "estratégias de negócio e de gestão, [quanto] de validação pública da atuação da organização" (Oliveira; Paula, 2007, p. 43). Considerando-se que "a gestão estratégica é a forma como as organizações se relacionam com o ambiente em que estão inseridas com foco no longo prazo" (Lima et al., 2007, p. 27), concluo com uma observação da socióloga e cientista política Lígia Pereira,[3] para quem, nesse processo mais avançado da democracia, a transparência das ações, a ética e a prestação de serviço para a sociedade são exigências que o ambiente social faz às empresas.

Referências bibliográficas

AVRITZER, L.; COSTA, S. Teoria crítica, democracia e esfera pública: concepções e usos na América Latina. In: MAIA, R.; CASTRO, M. C. P. S. *Mídia, esfera pública e identidades coletivas*. Belo Horizonte:UFMG, 2006.

BERABA, M. O jornalismo político. *Folha de S. Paulo*, 24 dez. 2006. 1º Caderno, p. 8.

BUENO, W. C. *A auditoria de imagem como estratégia de inteligência empresarial*. Disponível em: <www.contexto.com.br>. Acesso em: maio 2008.

---
3. Em entrevista a mim concedida no dia 04 de junho de 2008.

DINIZ, E.; BOSCH, R. *As eleições de 2004 na Fiesp:* a politização recente e a organização do empresariado. Disponível em: <http://neic.iuperj.br/textos/As%20Elei%C3%A7%C3%B5es%20de%202004%20na%20FIESP%5B1%5D.doc>. Acesso em: 22 mar. 2008.

GOMES, W. *Transformações da política na era da comunicação de massa.* São Paulo: Paulus, 2004.

LIMA, G.H. S. et al. *Do planejamento estratégico ao planejamento de comunicação.* 2007. 82 p. Monografia (Projeto Experimental) – Pontifícia Universidade Católica de Minas Gerais, Faculdade de Comunicação e Artes, Belo Horizonte.2007.

MANCUSO, W. P. O empresariado como ator político no Brasil: balanço da literatura e agenda de pesquisa. *Revista de Sociologia e Política*, Curitiba, n. 28, jun. 2007. Disponível em: <http://www.scielo.php?script=sci_arttext&pid=S0104-4478200700010>. Acesso em: 22 mar. 2008.

MOTTA, D. CDL cobra, de deputado mineiro, voto contra CSS. *Hoje em Dia*, Belo Horizonte, 03 jun. 2008. 1º Caderno, p.5.

OLIVEIRA, I. de L.; PAULA, M. A. *O que é comunicação estratégica nas organizações?* São Paulo: Paulus, 2007.

PIRES, T. M. C. C. *Grupos de pressão e imprensa em Minas:* mobilizações em torno da Constituinte Federal. 1992. 260 p. Dissertação (Mestrado em Sociologia) – Faculdade de Filosofia e Ciências Humanas, Universidade Federal de Minas Gerais, Belo Horizonte, 1992.

SCHEID, D.; BARICHELLO, E. M. R. Comunicação institucional e representação midiática. In: BARICHELLO, E. M. R. (org.). *Visibilidade midiática:* legitimação e responsabilidade social – Dez estudos sobre as práticas de comunicação na Universidade. Santa Maria: Facos/UFSM; Brasília: CNPq, 2004.

SILVA, L. M. da. Sociedade, esfera pública e agendamento. In: LAGO, C.; BENETTI, M. *Metodologia de pesquisa em jornalismo*. Petrópolis: Vozes, 2007.

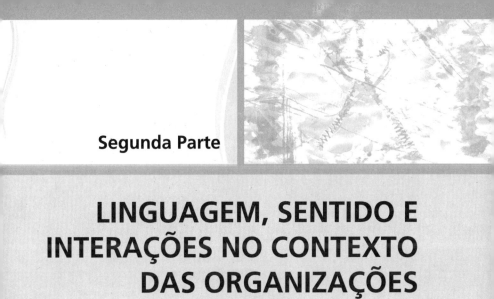

Segunda Parte

LINGUAGEM, SENTIDO E INTERAÇÕES NO CONTEXTO DAS ORGANIZAÇÕES

4

COMUNICAÇÃO ORGANIZACIONAL OU COMUNICAÇÃO NO CONTEXTO DAS ORGANIZAÇÕES?

Julio Pinto

Deve ficar claro, *ab initio*, que para mim é inconcebível pensar a comunicação, tal como praticada nas organizações, de forma divorciada de uma ideia geral de comunicação. Para mim, a organização é um contexto onde se dá o fenômeno comunicativo que também se manifesta em outros contextos, tão legítimos e tão específicos quanto o de uma organização ou uma empresa. Naturalmente, os sentidos se conformam aos contextos e, apenas nessa acepção, seria o caso da qualificação *organizacional*. Nesses termos, parece-me perfeitamente possível considerar esse lugar organizacional como uma empiria definida, de onde seria possível extrair ilações que contribuam para a conformação de uma teoria geral da comunicação. O movimento contrário, que é o que vem tradicionalmente sendo adotado pela área, tem demonstrado sua esterilidade na enorme sucessão de manuais que apenas reforçam a dimensão operacional e tarefista desse fazer comunicativo em especificamente.

Parece azado, a esta altura, discutir a questão do próprio contexto. Isso é quase um bordão da teoria semiótica, que tenta corrigir um viés interpretativo que é quase indefectível quando se fala dos processos de significação. Fala-se muito na linguagem como instância da produção de sentidos, mas a noção de sentido que preside falas como essa vem como sinônimo de *significado*. É bom desfazer esse mal-entendido. Talvez a melhor metáfora para explicar a noção de significado seja a que nos veio de Umberto Eco, em sua discussão da semântica: "o significado estaria para o dicionário assim como o sentido para a enciclopédia" (Eco, 1991).

Um problema grande da subsunção de sentido em significado e vice-versa está no fato de que um dicionário coleta acepções de um determinado item léxico. Ele só pode coletar essas acepções depois que elas se manifestaram na comunidade da fala, isto é, todo e qualquer significado é anterior a novas manifestações daquela palavra ou daquele signo. Um dicionário tenta, por isso, uma espécie de taquigrafia. Ele tenta resumir, na maioria das vezes sem especificar onde ocorrem tais significados, as diversas possibilidades de interpretação de um determinado vocábulo, com base na anterioridade dessas possibilidades. Ora, nenhum vocábulo apresenta só um significado. Além do mais, se o sentido é igual ao significado, acabamos tendo frases como essa que, certamente, ouvimos em muitas organizações: "Aqui, X quer dizer Y." E ocorre uma espécie de engessamento do processo de semiose que vai na contramão do próprio sentido da palavra semiose: a geração infinita de sentidos. Tal engessamento é, suponho, um velho conhecido dos colegas que praticam a comunicação nas organizações. Se o significado é o já-dado, o processo de comunicação é a eterna reinstauração do já-dado? É esse o lugar do comunicador, o de agente da cristalização dos sentidos?

A enciclopédia, ao contrário, depende dos dicionários e seu funcionamento não é de todo diferente. A única e essencial diferença é que a enciclopédia tenta imaginar os contextos em que os significados são produzidos, de forma a dar subsídio para a *futura* interpretação dos signos. Então, a enciclopédia funciona como uma *instrução interpretativa*, e o processo interpretativo tem, por força, que levar em conta onde (em que contexto) o sentido vai se produzir, porque o sentido é um ser do futuro, um vir-a-ser. Sentido é isso, portanto: futuro significado em contexto. O sentido é uma direção que a significação pode tomar dependendo das escolhas que o receptor fizer, dependendo daquilo que o atinge ou que ele quer atingir. O sentido é aquilo que a escolha do receptor fará, de certa forma, para que os sentidos ou as significâncias circulem. O sentido é um conceito não linear, ap passo que o significado é a reação a uma ação e, portanto, linear. É lógico que um precisa do outro. Aí começa um calvário para quem tenta trabalhar na dimensão dos significados, pois um processo interpretativo qualquer tem de, necessariamente, levar em conta onde o significado vai se produzir. O significado produzido em um contexto é um sentido. Em outras palavras, uma semiótica do sentido tem, como plano de expressão, uma semiótica do significado. Muitas vezes há até a aparente contradição de um pelo outro, mas isso, em vez de colocar em questão o funcionamento do aparelho comunicativo como um todo, até o reforça (Eco, 1991). O que não se pode fazer é privilegiar um (o do significado) em detrimento do outro (o do sentido), e é isso que percebo acontecer no interior das organizações e também na mídia em geral.

Há um exemplo bastante contundente dessa diferença. Um dos pequenos filmes feitos pelos irmãos Lumière, *O lanche do bebê*, tem uma estrutura bem simples. Colocou-se uma câmera fixa focando uma mesa no jardim. A câmera fixa, é bom lembrar, funciona como um significado: ela nos obriga a olhar para onde ela olha e é extremamente difícil evadir-se dessa autoridade. No centro da mesa está o bebê, ao redor de quem a família se reúne para alimentá-lo. O filme é isso. Os irmãos Lumière talvez quisessem um significado: vamos testemunhar o lanche do bebê, vamos registrar a alegria e a felicidade desse evento da vida familiar. Entretanto, depois da exibição da película, um dos espectadores comenta: "Acho engraçado como as folhas estão se movendo," ou algo do gênero. Curiosamente, esse espectador não olhou para onde a câmera estava o obrigando a olhar. Ele olhou para a periferia do quadro e produziu uma observação estética que não coincidia com o olhar geral do filme, mas que não era menos verdadeira. Essa fratura da autoridade da câmera é um sentido em que o contexto periférico teve mais poder que o mandato centralizador da câmera. Esse fenômeno é generalizável: em todo processo comunicativo há fraturas e elas se revelam. Isso é algo que tanto as organizações como os praticantes da comunicação esquecem, de modo geral: esse ponto de fuga pode muito bem ser um sentido mais importante do que aquilo que tinha sido previamente planejado.

Essas considerações preparam o terreno para mais outra observação. Pensa-se muito o conhecimento semiótico como algo centrado nas mensagens, mas o próprio arrazoado nos parágrafos anteriores mostra que isso não é bem verdade. O conhecimento semiótico não se refere apenas à decodificação dos textos, à resolução de enigmas textuais. Não sei se a função do semioticista é só essa, de decifrador, tal como veiculado por ficções como *O código Da Vinci*. Mas a semiótica e a comunicação sabem que as mensagens não são produto de geração espontânea. As mensagens circulam, tendo vindo de algum lugar e querendo ir a outros lugares. O papel do semioticista não é aquilo que Saussure definiu ao fazer a distinção entre *langue* e *parole*. A linguística se atribuiu o papel de estudar a língua, mas a fala ficou à deriva. A semiótica, como uma pragmática, tem o papel de pensar a linguagem (mais que só a língua, aliás) em suas manifestações fenomênicas, isto é, como *parole*. Em outras palavras, não nos ocupamos tanto da imanência da linguagem, mas muito mais da sua transcendência pragmática, dos seus alcances, de suas resoluções, de suas errâncias, de suas hesitações. É bom esclarecer que essa pragmática não significa um aspecto prático. A pragmática tem um sentido filosófico, que pensa a linguagem para além de seus em si, isto é, naquilo de conexão que ela estabelece.

Um pouco mais: ao falar em pragmática ou transcendentalidade para além do plano da imanência dessa linguagem em si, estou pensando nos meios de alcance que ela nos põe à disposição. Mais que qualquer coisa, a linguagem é ponte (tentando dar à ponte uma acepção que vai muito além da noção tradicional de mediação). Aliás, essa noção de mediação banal com que se pensavam as mídias anteriormente já cedeu lugar a outras percepções. Proponho uma palavra, *permediatividade*, como um conceito por mim derivado da teoria semiótica que acaba sendo muito parecido com a maioria das noções de *midiatização* que atualmente circulam por nosso meio. A permediatividade leva em conta a instabilidade dos processos comunicativos, ela se centra nos sentidos, e não nos significados, e ela está para as folhas da periferia do quadro, mais que para o bebê no centro dele. O que a permediatividade do signo considera é que exercer a linguagem é sinônimo de exercer um certo risco. Toda linguagem é indeterminada, toda linguagem é intransparente. O próprio caráter mediador da linguagem é a causa desse risco de indeterminação. O gesto adâmico de nomear os seres, por exemplo, está longe de estar isento de erro. Digamos que Adão tenha dado o nome "leão" a um grande felino de juba alourada. Esse chute inicial não contava com a existência de leões de juba negra, mas, obviamente, o nome designador teve de sofrer algumas adaptações de sentido para receber e acomodar leões com outros estilos de penteado. Se o processo de nomear não é isento de indeterminações, o que dizer de outros aspectos?

Só à guisa de exemplo: quando uso algo, uma palavra, para nomear um objeto, esse algo é algo mais do que é. Não é apenas um nomeador. É também, no mínimo, uma sequência de sons que, em si, não significam nada, mas que têm sonoridade e presença fenomenal no mundo. Ora, tais sons podem, muito bem, ter certo efeito perturbador de sentidos, que é mais ou menos o que acontece quando nos deparamos com uma palavra que não conhecemos e tentamos produzir algum sentido com base em certas relações de analogia com significados que já conhecemos, que não têm nada a ver com a palavra em si. O universo é indeterminado, como vemos.

Os signos são entidades imprevisíveis. Nenhum signo fala tudo sobre seu objeto. Ao contrário, sempre há, em torno deles, grandes áreas de opacidade e de condução ao erro. Por sinal, essa opacidade e intransparência já é algo constituinte da própria noção de signo (Pinto, 2002). Significar é não dizer tudo. Não existe transparência do ponto de vista da linguagem, e isso é algo que esquecemos o tempo todo por vivermos em um paradigma cultural que tende a pensar a vida pelo *desideratum* de uma grande *Erklärung* (um grande clarão iluminador, um esclarecimento), só para lembrar os frankfurtianos e os iluministas. Esse estado de iluminação seria aquele em que todos os sentidos e significados seriam reveladores. Em cima dessa noção de esclarecimento monta-se um modelo de pensamento comunicacional com base nas linearidades de um modelo transmissivo verticalizador. Tal modelo deveria, em tese, ser capaz de assegurar que "posso dizer aqui com a certeza de que serei totalmente entendido lá" se conseguir eliminar os ruídos que podem interferir na mediação. Ora, sabemos que os signos não só mediam, eles permediam. Sabemos que não se trata de mediação, mas de permediatividade, e nessa permediatividade temos a presença consolidada dos ruídos como fatores constituintes do processo (Pinto, 2002). Os ruídos são inerentes ao processo comunicativo. Não existe nada sem ruído. Essa é uma questão imanente ao signo, exatamente constituído de opacidade e intransparência e potencial mal-entendimento. Não há garantias na produção da mensagem, não há garantias na mensagem, não há garantias na sua recepção.

Em um ambiente como o das organizações, que vem sendo dominado cada vez mais pela ideia de gestão – e gestão talvez seja só outro nome mais açucarado para panóptico e para vigilância –, existe a ilusão de que se possui a forma de bem conduzir as coisas, de maneira que as coisas atinjam seus objetivos. Essa gestão está preocupada com os significados: "A significa B e, se eu disser A, entenderão B." O mundo seria bem mais simples, mas bem menos fascinante assim. Essa tendência rígida, do tipo necessário (se A, então necessariamente B), é uma peça de ficção tendo em vista que A é opaco e, portanto, B também o será. Talvez B nem seja B, mas C ou D ou Z.

Contudo a preocupação não deve ser com os significados, e sim, com os sentidos, que incluem as errâncias e os tropeços. Obviamente, não é nos significados que está a tão procurada criatividade. Ao contrário, a criatividade está nos desvãos e buracos de sentidos, exatamente na falha, na fratura, no não dito, no não pensado. Todo processo comunicativo é teleológico, sim, porque ele tende para algum lugar. Entretanto, esse processo comunicativo não é rígido e não é necessário. Ele é quase necessário, e aí reside toda a diferença. Por isso, não se trata, na comunicação real, de "se A, então B", mas, sim, de "se A, então quem sabe B", mas sabendo que pode ser que o B seja substituído por outra coisa.

A permediatividade leva em conta que há intenção nas instâncias produtoras das mensagens, mas também há intenção nas instâncias receptoras dessas mesmas mensagens, na medida em que somos vítimas de nosso próprio discurso, já que meus signos fazem parte de um repertório que vou adquirindo ao longo da vida. Esses são signos que me constituem e não são os mesmos que constituem meus colegas de trabalho, por exemplo.

Tenho dúvidas sobre se o papel da comunicação é o de gestão (no sentido negativo que tenho dado a essa palavra aqui neste texto), gestão controladora, radar captador de algo para poder devolver a coisa comunicada em forma de certa instrumentalidade inteligível, utilitária, iluminada. E, se não for o papel de gestão, talvez o ambiente não seja de todo desfavorável a uma mudança de atitude por parte dos comunicadores. Há gente no mundo empresarial lendo Prigogine, por incrível que pareça. Há gente interessada nas "estruturas dissipativas", uma teoria das incertezas, muito mais que das certezas, uma teoria em que fica claro que o chamado real é só mais uma das muitas possibilidades.

Do nosso ponto de vista, o das linguagens, não podemos dizer que o paradigma é o do acerto. A rigor, trata-se do contrário: o paradigma é a falta do acerto, o paradigma é o erro. E a linguagem é o que nos constitui. Aquilo que, constitui meu mundo é algo em si imperfeito, é algo que autopoteticamente tenho em mim, produzido de acordo comigo mesmo, porque de certa forma estou preparado para ver o mundo só na medida daquilo que me constituiu para começar, isto é, a linguagem. Se sou ser da linguagem, sou, definitivamente, esburacado. A linguagem é o lugar do furo, da ausência, da lacuna. Não posso, por isso, pensar uma comunicação que seja o lugar liso, monolítico, sem fissuras. Mas esse é o trabalho que pedem de nós: as coisas devem ser ditas de forma que todos entendam tudo. É angustiante, porque o paradigma transmissivo sem ruídos não é verdadeiro e somos forçados a operar por meio dele.

Se existe uma frase verdadeira, ela é *"man is a sign"* (Peirce, *circa* 1870), o homem é um signo. Muito mais que ser humanos, somos signos, lidos e interpretados das formas mais erradas possíveis. Outra frase de Peirce é que "o universo é uma perfusão de signos". O mundo físico é uma perfusão de signos. Se, como diz Prigogine, a tendência é para a dissipação, e o signo é opaco (e, portanto, essencialmente uma tensão entre a forma e sua dissolução), nós ficamos literalmente remando contra a corrente, tentando organizar as coisas quando elas tendem, essencialmente, para a desorganização.

Seja como for, tal como colocado no início, talvez valha a pena caminhar no sentido oposto à produção de significados já cristalizados. Talvez possamos, após a percepção do comunicar como algo geral que se manifesta em contextos específicos, ser capazes de produzir um pensamento sobre a comunicação no contexto das organizações que não seja serviçal, como tem sido até hoje, mas que possa contribuir para defasar a razão instrumental utilitária e introduzir, em vez dela, o *homo comunicans*.

Referências bibliográficas

ECO, U. *Semiotics and the philosophy of language*. Bloomington: Indiana University Press, 1984.

PEIRCE, C. S. Collected papers. Vol. II. *Elements of Logic*. Cambridge: Harvard University Press, 1960.

PINTO, J. *O ruído e outras inutilidades*. Belo Horizonte: Autêntica, 2002.

PRIGOGINE, I. *The end of certainty*. New York: Free Press, 1997.

COMUNICAÇÃO NO CONTEXTO DAS ORGANIZAÇÕES: PRODUTORA OU ORDENADORA DE SENTIDOS?

Ivone de Lourdes Oliveira
Carine F. Caetano de Paula

Buscamos nessa reflexão fundamentos para entender o campo da comunicação no contexto das organizações com base nos estudos sobre a linguagem e a comunicação. Consideramos essa temática motivo relevante para pesquisa, principalmente porque a discussão em torno daquilo que se caracterizou como construção de sentido mostra-se fértil em vários campos do conhecimento: a filosofia da linguagem, a linguística estrutural vinculada ao texto, a suas sintaxes e suas semânticas, a sociolinguística, contextualizada nas práticas discursivas de agentes localizados histórica e culturalmente, passando pela semiótica, antropologia, psicologia social e pelas teorias da comunicação.

Assim, pretendemos abrir questões sobre a natureza do sentido, seu lugar nos estudos da linguagem, para, então, buscarmos um entendimento de sua relação com a comunicação e transportar tais reflexões para um campo mais específico, o da comunicação no contexto organizacional, uma vez que a comunicação como processo e prática social ocorre em circunstâncias e contextos histórico-culturais diversos, inclusive nas organizações.

Embora haja estudos mais contemporâneos sobre a comunicação no contexto das organizações, pautados no paradigma da complexidade (Baldissera, 2004), a grande maioria pauta-se no paradigma funcionalista, no qual a ideia de sistema e subsistema é tão harmoniosamente engrenada e administrada que considerar o imprevisto e o não habitual é algo contrário à lógica do negócio. Na perspectiva da gestão é um contrassenso pensar em movimentos de oposição e de posicionamento diferenciado, já que seus princípios pressupõem o controle e o aperfeiçoamento dos processos para se obterem os resultados maximizadores. É importante indagar qual é o espaço possível para pensar e abrigar o imprevisto e concebê-lo como elemento inerente ao processo social de construção de sentido que avança nas próprias rupturas com o habitual.

No entanto, a sociedade contemporânea está centrada nas incertezas e no movimento de interações práticas e simbólicas. A comunicação no contexto das organizações convive com essa contradição de ora reproduzir o discurso da gestão, ora, como processo social fundado na linguagem, gerar a articulação entre as instâncias de produção, circulação e consumo, em uma permanente interação de práticas discursivas e simbólicas (Hall, 2003).

Partir da comunicação e de sua relação com a linguagem, para abordar sua ocorrência no contexto das organizações é uma escolha metodológica, uma vez que a atuação em contextos específicos imprime significados e fatores ao processo comunicativo, diferentemente de quando localizado em outro contexto, na qual outros significados se tornam mais relevantes. Assim, no contexto das organizações, a comunicação adquire, mesmo que de forma contraditória, aspectos pertencentes ao campo da gestão, que imprime à produção de sentidos características do relacionamento entre organizações e seus grupos de relacionamento.

O objetivo deste artigo é, portanto, entender como a comunicação atua no processo social de construção de sentido entre organização e seus interlocutores, ora como ordenadora dos sentidos da organização, ora como ordenadora dos sentidos dos grupos com os quais ela estabelece relações, em um processo de coordenação dos significados já institucionalizados. Podemos entender também que, nesse processo comunicativo, há abertura para ressignificações de novos sentidos que se atualizam – ou não – com base nas relações entre os interlocutores que, localizados em determinados contextos e dotados de certas intencionalidades, negociam e dialogam no encaminhamento de suas questões.

Linguagem, sentido e comunicação

Ao analisar a linguagem em suas condições de uso, localizada histórica e culturalmente em contextos diversos, nas quais agentes efetuam posicionamentos e estabelecem trocas baseadas em práticas discursivas, concebemos que ela é um processo social compartilhado, processo este necessário à constituição da vida em sociedade, conforme propõe Bakhtin (1986).

Na análise da linguagem em sua perspectiva performática,[1] as condições de produção, circulação e uso são fatores importantes para entendermos a linguagem enquanto ação social, prática que ocorre em contextos localizados. Estar localizada confere à linguagem permanência, regularidade e institucionalização em discursos que caracterizam domínios e estratos sociais específicos. Simultaneamente, a perspectiva da linguagem em ação, justamente por se caracterizar

---

1. Resumidamente, Spink e Frezza (2004, p. 34-35) propõem três possíveis critérios para estudarmos a linguagem: "1) Foco na boa formatação (...) trata-se da esfera da sintaxe (...) que não busca entender o sentido dos enunciados ou o uso que deles é feito; 2) Foco no sentido (...) esfera da semântica, cuja análise refere-se aos significados; 3) Foco na performática: as regras da pragmática têm a ver com: quando, em que condições, com que intenção e, obviamente, de que modo devemos falar."

prática discursiva, considera também momentos de ressignificação, de rupturas com o discurso já institucionalizado. Isso revela uma não regularidade, possibilidade de construir alternativas outras por parte dos agentes que atribuem sentidos às práticas que se lhes apresentam.

Assim, é inegável que existem prescrições e regras linguísticas situadas que orientam as práticas cotidianas das pessoas e tendem a manter e reproduzir discursos. Sem elas, a vida em sociedade seria impraticável. Mas embora o conceito de discursos aponte para uma estrutura de reprodução social – ou seja, a linguagem vista a partir das regularidades –, ele não desconsidera a diversidade e não regularidade presentes em seu uso diário pelas pessoas (Spink; Medrado, 2004, p. 44).

A linguagem, na qualidade de prática discursiva, prevê, de acordo com Spink e Medrado (2004, p. 45), "as maneiras como as pessoas produzem sentidos e se posicionam em relações sociais cotidianas." Para chegar a essa produção de sentido, bem como ao modo de as pessoas se posicionarem em relações de diálogo, à negociação, enfim, na interação social, as noções de enunciados e vozes, bem como de repertórios interpretativos são importantes.

Para Bakhtin (1986), os enunciados são expressões articuladas em ações, nas quais vozes diversas entram em contato e se interanimam de forma dialógica. Sendo assim, é impraticável pensar o processo de enunciação isoladamente; os sentidos só são construídos na dialogia, em que várias vozes, ao se expressarem em atos de fala, se confrontam e interagem. Posicionar-se nesse processo de enunciação requer dos agentes discursivos repertórios preexistentes, "conjunto de termos, descrições, lugares-comuns e figuras de linguagem" (Spink; Medrado, 2004, p. 47/8), que servirão de parâmetros para a interpretação na construção dos sentidos, entendidos pelos mesmos autores como "versões das ações, eventos e outros fenômenos que estão a nossa volta."

Assim, nas práticas discursivas, a construção de sentidos é um processo social, historicamente localizado, que implica a mediação de vozes que se alternam entre as instâncias de produção, circulação e consumo, por meio de repertórios interpretativos, que, na dinâmica da alternância, atribuem significações àquilo que se apresenta. Nascimento (2003, p. 38) chama a atenção sobre as relações entre o processo de produção de sentido e a comunicação e salienta que, "para construir um efeito de sentido, uma leitura sobre alguma significação, a relação entre os sujeitos da enunciação parece fundada sob uma 'substituição de instâncias' evidente." Enunciador – correspondente à instância da produção – e enunciatário – correspondente à instância do consumo – se articulam em torno do processo de enunciação que se objetiva em enunciados e sobre os quais serão construídos os sentidos, com base nos repertórios interpretativos de cada instância.

Mesmo ao propor uma perspectiva não linear do processo de enunciação – enunciador → enunciado → enunciatário –, o autor reconhece a intenção persuasiva do enunciador, da instância produtora do ato de fala que, ao se desdobrar em sua dinâmica horizontal, na expansão de sua significação em processo social e atingir um enunciatário – instância de consumo –, busca aí uma equivalência possível entre o processo da enunciação e o processo da comunicação. "Não há produção sem ato enunciativo, e a comunicação nasce desse mesmo ato, do qual não passa de uma espécie de expansão ou de um certo deslocamento no sentido horizontal" (Nascimento, 2003, p. 39).

Nesse entendimento de expansão de um ato enunciativo – instância de produção – pelas instâncias da circulação e do consumo, o processo comunicativo se dá, como propõe Hall (2003), na interdependência e na articulação dessas instâncias que, ao serem analisadas como espaços de práticas discursivas, são entendidas também como o lugar da construção de sentido. O autor mostra que é necessário pensar esse processo de articulação entre instâncias, sem perder de vista a distinção e as especificidades de cada uma:

> Isto seria pensar o processo como uma complexa estrutura em dominância, sustentada através da articulação de práticas conectadas, em que cada qual, no entanto, mantém uma distinção e tem uma modalidade específica, suas próprias formas e condições de existência (Hall, 2003, p. 387).

Continuando nessa linha, o autor chama atenção para as estruturas de significados dos processos de codificação e decodificação, já que, sendo modalidades específicas, possuem características particulares. Esses processos não são simétricos, já que os graus de compreensão e de identificação de cada polo se dão de maneira distinta na troca comunicativa e dependem da posição de cada um, de seus repertórios interpretativos, assim como da adequação dos códigos do emissor e do receptor, no momento de manifestação por meio de práticas discursivas. Para Hall (2003, p. 399), "não existe uma necessária correspondência entre codificação e decodificação; a primeira pode tentar 'preferir', mas não pode prescrever ou garantir a segunda, que tem suas próprias condições de existência."Talvez seja nesses desajustes e nessas rupturas de correspondências entre as instâncias de produção e consumo que ocorrem ressignificações e produção de novos sentidos.

O enunciado, como ato de fala da instância produtora, dotado de intencionalidade, atinge as instâncias de circulação para, então, chegar à instância de consumo e constituir aí o processo comunicativo, que da instância produtora visa gerar, na instância do consumo, a intenção prevista. A questão é que, na construção de sentido, essas instâncias são distintas e interdependentes (Hall, 2003). Para que o enunciado seja assimilado, é necessário que haja um contato anterior entre instâncias, um compromisso de significação por parte da instância de consumo, que pode ou não reconhecer o enunciado apresentado como um discurso de valores aceitáveis.

Assim, por mais que haja intencionalidade por vezes planejada por parte da instância de produção e mesmo um reconhecimento dos repertórios interpretativos e de competências da instância de consumo, como salienta Nascimento (2003, p. 39), há algo que sempre escapa na comunicação, "por mais minucioso que seja o referido contrato (entre instâncias de produção e de consumo), cuja função na relação comunicacional seria garantir os limites de uma interação possível."

Sendo a linguagem um processo básico da vida em sociedade e objetivado em práticas discursivas, a comunicação seria o desdobramento social dessas práticas discursivas, considerando as articulações e interdependências entre as instâncias de produção, de circulação e de consumo, em que o sentido é ordenado e também possível de ser ressignificado. Para Spink e Medrado (2004, p. 41), o sentido é

> uma construção social, um empreendimento coletivo, mais precisamente interativo, por meio do qual – na dinâmica das relações sociais historicamente datadas e culturalmente localizadas – constroem os termos a partir dos quais compreendem e lidam com as situações e fenômenos a sua volta.

O sentido seria uma possibilidade de abertura para a elaboração de novas significações sobre as práticas discursivas já institucionalizadas, e nele estão contidos elementos subjetivos e contextuais. Como argumenta Hall (2003), o sentido é algo em si mesmo constitutivo; ele é "multirreferencial", constituído com base em várias referências históricas, culturais e sociais do sujeito, sendo, portanto, uma operação cognitiva que só se constitui efetivamente quando atinge a instância de recepção e do consumo, no percurso social do processo comunicativo: "a recepção não é algo aberto e perfeitamente transparente, que acontece na outra ponta da cadeia de comunicação. E a cadeia comunicativa não opera de forma unilinear" (Hall, 2003, p. 354).

Essa reflexão nos leva a rever os modelos de comunicação de outra perspectiva, diferente daquela centrada na linearidade do esquema emissor → mensagem → receptor e na troca de informações. Não estamos desconsiderando os fluxos informacionais, mas entendendo-os como parte da interação social, que acontece de uma forma mais relacional. Nessa perspectiva, a recepção deixa de ser compreendida como passiva e passa a ser vista como ator do processo comunicativo, que também se constrói por meio de práticas discursivas, pois todo sujeito é, ao mesmo tempo, produtor e receptor de discursos e a própria interação implica uma relação de substituição entre instâncias, como propôs Nascimento (2003).

Nas teorias da comunicação, Quéré (1991) e Fausto Neto (1992) trabalham a comunicação como um processo circular que não é determinado nem controlado pela emissão, mas no qual o sujeito é central nas duas instâncias, reconhecendo como fundamental a ordem da intersubjetividade. Os autores salientam de forma equitativa o valor das várias instâncias do processo comunicativo: produção, circulação, distribuição e consumo, explicitando a relação íntima entre emissão e recepção. Fausto Neto (1992, p. 62) salienta que a capacidade do sujeito de construir discursos "é conferida por meio da linguagem pelo acesso ao campo simbólico, operação que lhe possibilita nomear a si próprio; a construir o tu, como outro – como parceiro; e, finalmente, o referente (a realidade, o mundo etc.)."

No modelo praxiológico, Quéré (1991) trabalha a concepção de comunicação articulada à linguagem, expressão e cognição, como uma "construção intersubjetiva da objetividade", em uma perspectiva compartilhada, na qual ação e inferência estão presentes. Esse modelo atribui à linguagem a dimensão constitutiva e de expressão, uma vez que é compreendida como parte construtora e mediadora da realidade social.

Quéré (1991) ressalta que as relações das pessoas – ser social – com o mundo não se dão de forma direta, mas passam por interferências de várias ordens do grupo social ao qual pertencem, assim como de questões normativas ou de expectativas sociais. Para o autor, a comunicação se caracteriza como um processo de organização de perspectivas compartilhadas:

> Na verdade, os membros de uma coletividade se relacionam uns com os outros sobre a base de exigências de validades que eles se impõem mutuamente a honrar, em função de um acordo tácito, sempre submetido à prova da coordenação da ação, sobre definições, sobre critérios de julgamento e sobre hierarquias de valor (Quéré, 1991, p. 7).

Fausto Neto, em seus estudos e suas pesquisas sobre recepção, tem desenvolvido uma reflexão teórica que trabalha a noção da constituição do receptor com base em referências do emissor, já que essas instâncias se estruturam relacionalmente. Para ele, a recepção tem também sua complexidade e se estrutura por uma lógica simbólica, pois, como afirma, ela é construída discursivamente. Dessa forma, não existe a primazia de uma sobre a outra, mas de interlocução que se inicia com uma enunciação. Segundo o autor,

> apesar de, socialmente, se constatar a existência de um polo que estrutura e regula a emissão dos discursos, isso não quer dizer, a despeito de este polo imaginar os efeitos de sentido, que haja o desaparecimento da condição de sujeito do discurso, algo que, aliás, está em ambos os polos (Fausto Neto, 1992, p. 63).

Dessa forma, a competência de emitir ou de receber uma enunciação não está atrelada à posição social em que cada um se encontra. Pelo contrário, as construções vão sendo efetuadas com a enunciação, porém tendo como interferências a ação de outros saberes, a marca dos lugares ocupados e a especificidade do discurso que vai sendo produzido com base em determinada situação. Assim, os sujeitos participam de uma rede e são submetidos aos dispositivos discursivos e técnicos que são colocados e estão presentes naquele momento. Fausto Neto (1992, p. 61) lembra que:

> o reconhecimento simultâneo dessas articulações nos impõe, também, reconhecer que estamos no interior de redes e relações sistemáticas entre instâncias e conteúdos não discursivos e discursivos. Isso implicaria reconhecer que os estudos dos 'efeitos' de mensagens não poderia ser desenvolvido partindo-se da crença de que o 'objetivo verdadeiro' não estaria na mensagem em si mesma, mas na articulação destes dois núcleos: produção e recepção.

Assim, a comunicação fundada na linguagem em ação, seja ela oral, escrita ou mediada por dispositivos técnicos, é também um processo social que viabiliza a construção de novos sentidos possíveis, justamente por prever uma articulação entre instâncias, e é nas aberturas dessas articulações e nas apropriações dos significados já instituídos que o sentido se constrói. Conforme Medrado (2004, p. 252), a mídia tem papel central na produção de repertórios, bem com em sua visibilidade, repertórios estes que irão posteriormente efetuar a atribuição de sentidos: "as produções midiáticas ampliam o leque de repertórios disponíveis às pessoas, possibilitando a produção de outros sentidos e construção de versões diversas sobre si e o mundo a sua volta." Simultaneamente, ao (re)significar, coordenar e colocar em circulação discursos, o processo comunicativo seleciona e evidencia aquilo a que se quer dar visibilidade, caracterizando o caráter intencional da instância produtora.

Situar essas reflexões nos estudos da comunicação no contexto das organizações é perguntar se estas também podem adotar uma centralidade na construção de repertórios, de modo a se caracterizarem como agentes de práticas discursivas que (re)elaboram discursos e práticas já existentes em suas interações com os grupos com os quais elas se relacionam, além de coordenar e evidenciar práticas já institucionalizadas.

No processo social de construção de sentido, as organizações podem ser entendidas como agentes de práticas discursivas que buscam significação de sentidos na recepção, construídos pelos grupos que compõem o espectro do relacionamento organizacional, sendo esses grupos também entendidos como agentes de práticas discursivas e responsáveis pelos sentidos atribuídos às ações comunicativas das organizações. Dessa forma, torna-se fundamental para os estudos sobre a comunicação no contexto das organizações considerar a "improbabilidade" de prever a significação das práticas comunicativas na intencionalidade da organização, evidenciando a debilidade dos processos que se pretendem totalizantes, uma vez que o sentido tem uma abertura para a significação que foge à previsibilidade e à intencionalidade da instância de produção.

Essa ideia será retomada mais à frente, quando trabalharmos o significado do código de ética produzido por uma organização e os possíveis sentidos que esse determinado instrumento produz ao ser colocado em ação, na prática social dos relacionamentos com os diversos grupos ligados a ela. Se por um lado a organização dita normas de condutas e comportamentos aos seus diversos interlocutores, por outro existe também um processo de (re)significação por parte desses interlocutores que vai construir os sentidos de acordo com seus valores e suas experiências, vivenciando um processo subjetivo e individual.

Comunicação e produção de sentidos no contexto das organizações

Com base na perspectiva da comunicação no contexto das organizações, podemos estabelecer uma conexão entre produção de sentidos e ambiente organizacional, haja vista que o sentido existe na interação estabelecida e as organizações são concebidas como agentes discursivos e comunicativos, nos processos interativos que se dão dentro e fora do seu ambiente. A troca compartilhada entre interlocutores se torna presente e se materializa nas ações de comunicação que promovem relações e, nessa prática discursiva, consequentemente, a produção de sentidos ocorre. Essa construção conjunta se desenvolve com a utilização de estratégias que dinamizem o processo, a fim de que o sentido seja construído. De acordo com Charadeau (1993), o sentido não é autônomo e absoluto; ele nasce nos elementos da interação social, os quais pertencem ao processo de enunciação.

Na compreensão da construção de sentidos, os estudos de comunicação no contexto das organizações devem pressupor os grupos de relacionamento como receptores e agentes responsáveis pela atribuição de sentidos, o que revela, portanto, uma interdependência entre as instâncias produtora, circuladora e consumidora (Hall, 2003). A hegemonia da organização no processo interativo, assim como o controle e planejamento dos processos comunicacionais, torna-se dependente dos repertórios interpretativos dos grupos que afetam ações organizacionais e são por elas afetados, já que o sentido é processado na instância receptora, fugindo, portanto, da perspectiva da gestão organizacional.

Do ponto de vista da comunicação, toda organização é uma complexa estrutura de relações, entrecortada por vários poderes e interesses, que se manifestam em distintos momentos e são articulados em uma situação, por meio de dinâmicas interativas, para ordenar e garantir os sentidos e as intencionalidades geridas pela lógica gerencial e do negócio. Nessa perspectiva, é preciso entender como os sentidos são construídos e reconstruídos nas organizações e como lidar com as formas pelas quais eles podem ser estabelecidos e contestados por parte dos grupos de relacionamento.

Como ator social coletivo e, portanto, agente de práticas discursivas, a organização estabelece relações constantes com outros agentes discursivos, no caso específico, os grupos que interagem com a organização, de acordo com as circunstâncias e os interesses que configuram determinado relacionamento. É nessa interação que se concretizam os sentidos; das relações que se dão por conversações e/ou suportes sociotécnicos.

Os fluxos comunicacionais, informacionais e relacionais, das organizações materializam-se por práticas discursivas escritas, verbais ou visuais produzidas no próprio contexto organizacional e se constituem de formas espontânea ou planejada pela instância de produção, no caso as organizações. Obviamente que nesse processo existem intencionalidades demarcadas pela produção, a qual busca dar visibilidade àquilo que lhe é conveniente.

A ênfase deste artigo é justamente não perder de vista o movimento da interação e da produção de sentidos, que se dá necessariamente com o envolvimento da instância receptora, de modo que o sentido só se opera com a participação da recepção. No caso da comunicação, a rede de relacionamentos que se configura entre organizações e grupos indica a variedade de práticas discursivas – posicionamentos que os interlocutores adotam em circunstâncias específicas. Relacionar-se com uma comunidade ou um grupo de pressão, por exemplo, requer estratégias e abordagens bem diferentes daquelas utilizadas no relacionamento com consumidores ou funcionários. Com base nessa rede de relacionamentos e práticas discursivas, os sentidos são multirreferenciais e não se constroem de forma linear; não é uma relação causa-efeito, mas, sim, um "processo multirreferencial" construído com a articulação das instâncias de produção e recepção localizadas em posições específicas com interesses próprios.

No processo de decodificação, a instância de recepção, no caso os grupos que se relacionam com a organização, estabelece uma operação cognitiva e constrói novas formulações de outras já estabelecidas, que passam por inferências de conhecimentos e experiências adquiridos ao longo da vida. A concepção de mundo, crenças, valores éticos e morais faz parte daquilo que Spink e Medrado (2004) chamam de repertórios interpretativos: recursos dos agentes discursivos que operam a ressignificação dos sentidos. Os sentidos envolvem suposições, deduções, convivência do novo com o tradicional, permanência e rupturas construídas de acordo com o repertório e universo histórico, social, cultural e econômico de cada um, direcionando as percepções para lugares diferentes, na (re)construção do sentido com base em trajetórias e experiências da vida.

Assim, diante do exposto, perguntamos: No contexto das organizações onde relacionamentos se dão por propósitos comerciais, institucionais, políticos, administrativos, culturais etc., a comunicação teria a função de ordenar e/ou produzir sentidos?

Para entender melhor a ideia de construção de sentidos no contexto organizacional, tomaremos como ponto de análise os códigos de ética utilizados pelas organizações contemporâneas para enfrentar situações diversas que pedem posturas mais claras, objetivas e transparentes. A elaboração e implantação desses códigos, em grande parte das organizações, é uma ação recente que dá respostas às expectativas da sociedade e cria parâmetros de relacionamento mais estável com seus interlocutores, já que é um conjunto de diretrizes que referenciam suas escolhas, seus atos e decisões, das mais simples às mais complexas. Com base no código de ética de uma instituição bancária, podemos perceber seu caráter normativo e regulador, sendo ele expresso como

> um conjunto de normas que torna práticas as orientações morais. Não desenha o mapa de territórios desconhecidos, mas serve de bússola para indicar as ro-

tas a serem seguidas; mostra como chegar aonde pretendemos ir. Isso explica a estrutura deste código de ética que, de início, define os valores corporativos que inspiram as ações de nossa empresa, para, depois, enunciar passo a passo as condutas esperadas nas relações mantidas com nossos vários públicos de interesse – colaboradores, clientes, acionistas, fornecedores, órgãos governamentais, concorrentes, mídia e comunidade.

As organizações vêm percebendo que suas ações são avaliadas pela sociedade e, por isso mesmo, precisam compreender as escolhas (decisões) tomadas como atos que têm implicações sociais e morais, além de avaliar os riscos que podem provocar. Assim, entender a instância de recepção como parte do processo lhe assegura a sustentabilidade. A interseção entre comunicação e gestão nos mostra que as organizações vivem processos contraditórios e que "serão cada vez mais chamadas a 'dizer' por meio de seus atos, no território sociopolítico das suas decisões" (Santos, 2007, p.142).

Dessa forma, entendemos os códigos de ética como uma prática discursiva, a qual estabelece parâmetros para a relação com os agentes receptores – acionistas, clientes, comunidade, funcionários, fornecedores, mídia – e busca ordenar e regular relacionamentos pautados em regras de convivência e questões éticas. Por ser prática discursiva, a perspectiva dos grupos de relacionamento como instâncias que interagem e avaliam as condutas organizacionais precisa ser considerada. Com base em seus repertórios interpretativos, a instância receptora das ações organizacionais imprime sentidos que podem ser os não desejados e planejados pela organização, em uma ressignificação que foge ao controle da gestão. Aí, a comunicação, na qualidade de processo social de articulação entre as instâncias de produção, distribuição e consumo, abre perspectiva para o imprevisto e o não habitual. Quando colocado em ação, o código de ética não só regula e ordena relações, como também prevê a possibilidade de surgirem outras versões e novos sentidos, passíveis de ocorrer em qualquer interação e impossíveis de serem previstos pela gestão.

Hall (2003), ao refletir sobre a decodificação de um discurso televisivo, identifica três posições hipotéticas.[2] Tomamos como referência a posição de "código negociado" para a nossa perspectiva de análise. O autor considera que essa posição é atravessada por contradições e, obviamente, por incertezas, uma vez que os códigos são negociados por "lógicas específicas ou localizadas: essas lógicas são sustentadas por uma relação diferencial e desigual com os discursos e as lógicas do poder" (Hall, 2003, p.402).

Acreditamos que os códigos de ética, como prática discursiva, imprimem sentidos de maneira diferenciada em cada grupo de relacionamento, pois a enunciação se dá em situações diferenciadas e em contextos diversos e específicos. Podemos exemplificar com a exaltação da diferença entre as condições de recepção de um grupo de relacionamento formado pelos empregados e de outro composto pelos acionistas. Os processos de decodificação são diferentes, pois os interesses estão respaldados em parâmetros diferenciados. Como argumenta Hall (2003, p. 401):

> Decodificar, dentro da versão negociada, contém uma mistura de elementos de adaptação e de oposição: reconhece a legitimidade das definições hegemônicas para produzir as grandes significações (abstratas), ao passo que, em um nível mais restrito, situacional (localizado), faz suas próprias regras.

Como práticas discursivas, as ações de comunicação planejadas pela organização adquirem, sim, a significação hegemônica do negócio: o código de ética é, em sua constituição, um discurso normativo que regula

---

2. A primeira posição – hegemônica dominante – destaca que "o telespectador se apropria do sentido conotado de forma direta e integral, e decodifica a mensagem nos termos do código referencial no qual ela foi codificada". A segunda – código negociado – "contém uma mistura de elementos de adaptação e de oposição: reconhece a legitimidade das definições hegemônicas (....) ao passo que em um nível mais restrito faz suas próprias regras". O terceiro – código de oposição – mostra que "o telespectador entende tanto a inflexão conotativa quanto a literal de um discurso, mas, ao mesmo tempo, decodifica a mensagem de maneira globalmente contrária" (Hall, 2003, p. 401/2).

relacionamentos com base em uma decisão estritamente organizacional. Talvez grupos que tenham sido consultados parem na elaboração do código, se inserirem expectativas e interesses outros que não sejam só os da organização. Mas, mesmo assim, a função primeira do código é ordenar e regular as relações, do ponto de vista organizacional.

Quando colocado em ação, na efetivação dos relacionamentos, esse caráter normativo do código atinge as instâncias de recepção que podem ou não legitimar a conduta da organização, conforme seus repertórios interpretativos. Em contextos localizados e na dinâmica do processo comunicativo, elementos de oposição, de dissensos, de negociação podem ressignificar aquela conduta prevista no código de ética e novos sentidos podem surgir nas rupturas com o habitual planejado. E isso é inerente ao processo de comunicação e produção de sentidos: simultaneamente à ordenação dos significados já institucionalizados que buscam a permanência e regulação dos relacionamentos por meio do planejamento estratégico, há também, e talvez com igual preponderância, a possibilidade de, nas rupturas, ressignificações gerarem novos sentidos até então não previstos.

Para finalizar, reforçamos a importância de (re)pensar a comunicação no contexto das organizações, tendo como referência teórico-metodológica a produção de sentidos com base nas práticas discursivas, visto que a linguagem é hoje um dos importantes pilares para compreender o poder dos discursos vindos das variadas esferas do saber e do fazer. Considerar os diferentes eventos da organização como, simultaneamente, ordenadores e produtores de sentidos nos ajudará a perceber que o processo comunicativo no contexto organizacional está para além da perspectiva dos suportes e da intenção de transmitir informações e publicizar ações. O processo interativo prevê mais nuances e rupturas que também fazem parte dos relacionamentos que as organizações, como agentes discursivos e comunicativos, estabelecem. Talvez essa seja uma abordagem que possa tornar menos contraditória a interface da comunicação com a gestão, considerando que, mesmo adquirindo aspectos da lógica administrativa, a comunicação nos contextos das organizações é também processo inovador e produtor de novos sentidos.

Referências bibliográficas

BAKHTIN, M. *Marxismo e filosofia da linguagem*. São Paulo: Hucitec, 1986.

CHARADEAU, P. Análise do discurso: controvérsias e perspectivas. In: MARI, H. et al. (orgs.). *Fundamentos e dimensões da análise do discurso*. Belo Horizonte: Carol Borges/Fale-UFMG, 1999. p.27-43.

FAIRCLOUGH, N. *Discurso e mudança social*. Brasília: Editora UNB, 2001

FAUSTO NETO, A. A deflagração do sentido: estratégias de produção e de captura da recepção. *Textos de Cultura e Comunicação*, Salvador: UFBA, Mestrado em Comunicação e Cultura Contemporâneas, n. 27, p. 58-80, jan/jun. 1992.

HALL, S. A formação de um intelectual diaspórico. In: SOVIK, L. (org.). *Da diáspora*: identidades e mediações culturais. Trad. de Adelaine La Guardia Resende. Belo Horizonte: Editora UFMG; Brasília: Editora da Unesco, 2003.

MEDRADO, Benedito. Textos em cena: a mídia como prática discursiva. In: SPINK, M. J. P. (org.). *Práticas discursivas e produção de sentido no cotidiano*: aproximações teóricas e metodológicas. São Paulo: Cortez, 2004.

NASCIMENTO, G. C. Comunicação e produção de sentido. *Estudos da Comunicação*, Curitiba, Champagnat, v. 4, n. 7, p. 37-41, jan../abr. 2003.

SANTOS, L. L. Tudo que é imagem se desmancha no ar: apostando em uma mudança de paradigma para as relações públicas. In: BARROS FILHO, C. *Ética e comunicação organizacional*. São Paulo: Paulus, 2007.

SPINK, M. J. P.; FREZZA, R. M. Práticas discursivas e produção de sentidos: a perspectiva da psicologia social. In: SPINK, M. J. P. (org.). *Práticas discursivas e produção de sentido no cotidiano*: aproximações teóricas e metodológicas. São Paulo: Cortez, 2004.

SPINK, M. J. P.; MEDRADO, B. Produção de sentidos no cotidiano: uma abordagem teórico-metodológica para análise das práticas discursivas. In: SPINK, M. J. P. (org.). *Práticas discursivas e produção de sentido no cotidiano*: aproximações teóricas e metodológicas. São Paulo: Cortez, 2004.

VERÓN, E. *A produção do sentido*. São Paulo: Cultrix / USP, 1980.

6

POSSÍVEIS CONTRIBUIÇÕES DO PARADIGMA RELACIONAL PARA O ESTUDO DA COMUNICAÇÃO NO CONTEXTO ORGANIZACIONAL

Fábia Lima

O campo de estudos denominado Comunicação Organizacional compreende, com base no conceito de interface proposto por Braga (2004), um campo de articulação entre, essencialmente, os estudos organizacionais (campo da Administração) e os da Comunicação Social (Reis; Costa, 2006). Esse campo de estudos (e de práticas) compreende as interações comunicacionais empreendidas no contexto das organizações (públicas, privadas, do terceiro setor) e constitui-se em privilegiado ângulo de análise da sociedade contemporânea.

No entanto, a comunicação organizacional enquanto campo de estudos (fundamentação teórica, conceitos, metodologias e bibliografias) parece não ter acompanhado a evolução dos fenômenos sociais em que as práticas comunicacionais ocorrem. Essa realidade, que se transformou imensamente com os processos de mediatização da sociedade, conformada pela lógica do consumo, pelos processos de globalização de mercados e pelo avanço das tecnologias da informação e desregulamentação financeira, demanda novos olhares dos pesquisadores sociais. Por isso, os estudos sobre comunicação organizacional, marcados por um viés predominantemente linear, tecnicista, gerencial e prescritivo – tanto quanto, muitas vezes, as próprias práticas profissionais – parecem não mais se referir aos complexos fenômenos da sociedade contemporânea, demandando um intenso esforço de revisão conceitual da área e colocando em questão a própria identidade do campo.

Com base nessa perspectiva, e para bem situar seu lugar de fala, acredita-se ser fundamental estudar a comunicação organizacional inscrevendo-a no campo próprio da comunicação social. Isso significa, sem desconsiderar as contribuições das demais áreas, buscar nos paradigmas da comunicação a especificidade para esse olhar sobre a realidade social – legitimando, ainda, a comunicação organizacional como objeto de conhecimento científico.

França (2001, p. 39), ao refletir sobre o campo de estudos da comunicação, defende que "um campo científico (uma ciência, uma disciplina ou determinado domínio do saber) se define, antes de tudo, pelo seu objeto." Ele sugere que a dificuldade de reflexão teórica nesse campo advém da dificuldade de um certo distanciamento da dimensão empírica da comunicação – os *objetos comunicativos* do mundo –, de sua dimensão conceitual – uma maneira de apreendê-los. Se o *objeto da comunicação* é mais do que seus objetos concretos, e, sim, uma construção conceitual a partir deles, como haveríamos de definir o *objeto da comunicação organizacional?*

É certo que a resposta a essa indagação, da perspectiva do senso comum, remeteria às práticas de comunicação empreendidas pelas organizações ou realizadas em seu interior. No entanto, da perspectiva apontada por França (2001), podemos considerar que as práticas de comunicação no contexto organizacional são apenas a dimensão empírica – ou o objeto empírico privilegiado do campo –, da qual devemos construir conceitualmente nosso objeto de conhecimento. A construção conceitual corresponderia, então, ao esforço de problematização sobre essas práticas, à adoção de um *jeito de olhar* ou de uma *maneira de falar* específicos da comunicação, ou seja, ao desenvolvimento de um *olhar comunicacional* próprio para determinado aspecto da realidade que, no caso, é o próprio contexto organizacional – visto por meio dos processos interativos que o conformam.

Assim, o presente artigo integra o esforço de, ao aceitar o desafio proposto por Braga (2001) de *desentranhar* o que há de comunicação nas suas interfaces – no caso, na comunicação organizacional –, contribuir para a construção de aportes teóricos adequados à realidade contemporânea. Para isso, propõe a utilização do paradigma relacional da comunicação como matriz teórica e metodológica para análise do contexto organizacional.

Comunicação organizacional: terminologias e conceitos

O tema "comunicação organizacional" tem sido crescentemente debatido por estudiosos tanto da área da Administração como da própria Comunicação Social. No entanto, não há consenso dessas áreas sobre uma única forma de conceituá-lo. Assim, utiliza-se ampla e irrestritamente, entre outras, as expressões comunicação *das* organizações, comunicação *nas* organizações e *comunicação organizacional*, sem precisar suas diferenças conceituais.[1] Esse dilema, muito mais que uma simples questão de terminologia, parece demarcar distintas maneiras de perceber e analisar o fenômeno, refletindo problemas teóricos basilares da área. Por isso, acredita-se na necessidade de realização de análises mais apuradas sobre a temática, tais como as que vêm sendo propostas por Deetz (2001), Putnam, Philips e Chapman (2004) e Casali (2007), resgatadas na reflexão que se segue.

---

1. O termo *comunicação empresarial* é também marcante na abordagem da comunicação no âmbito organizacional, embora se refira a um tipo específico de organizações, as organizações privadas. Já o termo comunicação organizacional pretende ser mais amplo e abarcar, além das privadas, as organizações públicas e do terceiro setor (Kunsch, 2003; Oliveira; Paula, 2007).

A expressão *comunicação das organizações*, com o uso da preposição possessiva *de*, imprime a noção de que a comunicação é alguma *coisa* que pertence à organização e que, assim, pode ser entregue à outra ou a alguém. Refere-se à comunicação de uma determinada organização – comunicação *da* organização – ou, de maneira generalizada, à comunicação de todas elas – comunicação *de* ou *das* organizações. Assim, essa ideia acaba por nos remeter ao simplificador paradigma informacional da comunicação, que a entende como um processo linear de troca de informação, estando o vetor de transmissão, nesse caso, indo da organização para seus *públicos-alvo*.[2] Aqui, a comunicação é considerada uma *coisa* que, pretende-se, possa ser completamente administrada e gerenciada. É possível percebermos esse esforço principalmente sob o ponto de vista do marketing que, por meio da aplicação da noção de públicos-alvo – como os agrupamentos de pessoas para quem a organização transmite suas mensagens –, busca ordenar seus fluxos formais de comunicação.

O termo *comunicação nas organizações*, com o uso de preposição de lugar (em), apresenta problema semelhante, já que a preposição é utilizada na língua portuguesa para estabelecer uma relação de dependência entre dois termos que, neste caso, delimita um lugar. Voltando ao paradigma informacional, que esta perspectiva denota, a comunicação seria *algo* definido pela vinculação a um ambiente físico; um processo que aconteceria *em* organizações, sendo estas consideradas o *lugar* em que a comunicação ocorre. Aqui, o vetor de transmissão fica restrito aos grupos de pessoas que integram o ambiente interno da organização, ou seja, seus *públicos internos*, podendo representar os esforços de comunicação entre eles, do público interno com a organização ou da organização com eles.

A expressão *comunicação organizacional*, por sua vez, parece mais adequada para o campo, já que o sufixo *al* exprime a ideia de relação

---

2. A noção de público-alvo refere-se à esfera da recepção, compreendendo a instância para a qual o emissor dirige seus esforços de comunicação.

com o substantivo *organização*, que origina o adjetivo *organizacional*. A denotação desse termo, acredita-se, suplanta o paradigma informacional, pois a comunicação não é mais entendida por um viés transmissional, linear, restrito a um lugar ou à posse de alguém, mas, sim, com base em um contexto conformado pela relação entre os interlocutores – a organização como um sujeito social complexo que, em interação com seus membros e com a sociedade, configura determinado contexto de interações.

Introduz-se, então, um viés relacional e admite-se que *organizacional* define, antes de tudo, um *contexto de interações*, trazendo estas – as interações – para o centro de análise, como instituintes dos processos comunicacionais, dos interlocutores e da própria sociedade. Para enfatizar tal perspectiva, propõe-se a adoção do termo *comunicação no contexto organizacional*,[3] destacando que este representa um universo privilegiado do qual podemos analisar o fenômeno da comunicação e, assim, aspectos relevantes da própria sociedade contemporânea.

O paradigma relacional da comunicação e o contexto organizacional

Para problematização do contexto organizacional como matriz analítica do fenômeno da comunicação, buscaram-se referenciais metodológicos e conceituais no paradigma relacional, cujos fundamentos remetem, em grande parte, aos trabalhos de George H. Mead e da corrente de estudos denominada interacionismo simbólico. Segundo essa perspectiva paradigmática, como sugere França (2001, 2006), a comunicação somente pode ser estudada como uma globalidade, por meio da imbricação de suas três dimensões bási-

---

3. Essa linha de pensamento já vem sendo adotada nos estudos empreendidos pelo grupo de pesquisa Comunicação no contexto organizacional: aspectos teórico-conceituais (PUC-Minas/CNPq), do qual a autora faz parte.

cas: a interacional (a relação dos interlocutores), a simbólica (as práticas discursivas e a produção de sentido) e a contextual (situação sociocultural). Essas três dimensões, ao serem percebidas em relação – ou seja, afetando-se mutuamente –, conformam o quadro relacional que compreende a comunicação.

O entendimento da comunicação pelo viés relacional implica concebê-la como um processo de construção conjunta entre interlocutores (sujeitos sociais), com base em discursos (formas simbólicas que trazem as marcas de sua produção, dos sujeitos envolvidos e do contexto), em situações singulares (dentro de determinado contexto). Por essa perspectiva, as organizações são consideradas sujeitos sociais enunciadores ou leitores de discursos cuja ação no mundo institui um contexto específico de interações que enquadra, ainda, enunciações e leituras de outros sujeitos sociais.

O contexto organizacional como dimensão contextual da comunicação

A dimensão contextual da comunicação implica identificar as características que permitem localizar os interlocutores na sociedade, ou seja, corresponde ao complexo conjunto de circunstâncias nas quais as interações se dão, a algo que é permanentemente criado e recriado pelos sujeitos. Já que a situação em que se estabelece a interação conforma os sujeitos, moldando seus discursos e a própria relação que estabelecem, influenciando na produção de sentido, torna-se fundamental a reconstituição do contexto para análise da comunicação. A ideia é que a comunicação é o processo por meio do qual um ambiente comum é criado e de onde os interlocutores produzem sentido.

Como contexto, a esfera organizacional reveste-se de especificidades, como a constituição de seus sujeitos e a forma que tomam seus discursos e suas interações. O contexto que molda as interações organizacionais e é por elas moldado pode ser analisado com base nas práticas de comunicação específicas que o conformam, mas não se pode esquecer que este é engendrado, em grande medida, também pela ordem social e por forças macrossociais.

Na contemporaneidade, percebe-se que as organizações, a despeito do montante de capital simbólico e material que transacionam, são cada vez mais fluidas, porosas, virtuais e flexíveis. Assim, também suas experiências de comunicação apresentam-se cada vez mais como experiências estéticas – como um tipo de interação mais da ordem das sensações e do virtual –, do que como experiências concretas, da ordem do real e do absoluto. Podemos considerar, portanto, que o contexto organizacional contemporâneo conforma um tipo de interação marcado pelo hibridismo e pela fluidez, características de uma sociedade em grande medida ordenada pela lógica do consumo e da mídia (Klein, 2002; Bauman, 2001; Lipovetsky, 2007; Sodré, 2002).

O conceito de *sociedade líquida* é crucial para análise da fluidez que marca as experiências na contemporaneidade. Para Bauman (2001), a sociedade contemporânea é uma sociedade líquida na qual tudo (relacionamentos, conceitos, empregos) tende a tornar-se volátil, flexível e em fluxo. Lipovetsky (2007), ao adotar ponto de vista semelhante, fundamenta essas transformações do âmbito do consumo, entendido como força motriz da sociedade contemporânea, principal elemento ordenador não apenas das atividades econômicas, mas da maneira como os homens se definem, se inserem no mundo e se relacionam uns com os outros. Para o autor, a sociedade contemporânea é a *sociedade do hiperconsumo*, caracterizada por uma nova estrutura cognitiva dos indivíduos, sendo "orquestrada por uma lógica desinstitucionalizada, subjetiva, emocional" (Lipovetsky, 2007, p.41).

O contexto social parece ser cada vez mais moldado, além da lógica do consumo, também pela lógica da mídia. Assistimos ao processo em que várias instâncias sociais, como a instância das organizações, sucumbem à lógica midiática, fenômeno descrito por Braga (2006) como mediatização. O que poderíamos chamar de *mediatização das organizações sociais* insere-se no processo de mediatização da própria sociedade, já que, para o autor, esta passa a ser caracterizada pelo predomínio de um tipo específico de interação, a midiática, segundo a qual as demais dimensões da vida social são conformadas.

A palavra "mediatização" pode ser relacionada a pelo menos dois âmbitos sociais. No primeiro, são tratados processos sociais específicos que passam a se desenvolver (inteira ou parcialmente) segundo lógicas da mídia. Aqui, pode-se falar em mediatização de instâncias da política, do entretenimento, da aprendizagem. Já em um nível macro, trata-se da mediatização da própria sociedade – tema que tem ocupado com frequência as reflexões da área (Braga, 2006, p.1).

O entendimento da mediatização como processo interacional de referência, ordenando nossa experiência no mundo e sendo pautado pela lógica de negócios e pelas possibilidades interativas das tecnologias da informação, parece-nos fundamental para contextualizar a ordem social, o ambiente e o tempo em que se inserem os sujeitos em comunicação na contemporaneidade. Encontramos em Sodré (2002) a definição de mídia na qualidade de ambiência que compreende tanto fluxos comunicacionais como seus dispositivos, conformados pela sociedade de cada época. Na sociedade contemporânea, a esfera da mídia está pautada pela esfera dos negócios e das tecnologias da informação, inaugurando um novo modo de estar no mundo e de se relacionar com os outros, uma *tecnocultura* na qual as relações humanas tendem a ser mais virtuais.

É por essa perspectiva, acredita-se, que os processos interacionais no contexto organizacional, acompanhando o movimento de mediatização da sociedade, passam a ser influenciados também pela lógica da mídia. Tomando as práticas de comunicação empreendidas pelas empresas como exemplo, torna-se possível perceber como o contexto social de mediatização tem transformado o âmbito das organizações. Se, tradicionalmente, essas práticas se resumiam a ações de publicidade e propaganda ou relações públicas, materializadas em veículos de comunicação direcionados a *públicos-alvo* (jornais de empresa, fôlderes, *outdoors*, vinhetas etc.), percebemos que, em um cenário marcado pela convergência tecnológica, globalização e fragmentação, pautado pela lógica do consumo, as interações tornam-se mais fluidas, o mesmo ocorrendo com a identidade dos próprios sujeitos em comunicação – a organização e seus interlocutores.

Concretamente, o reflexo disso pode ser percebido, como exposto por Klein (2002), no esforço das organizações em também se tornarem mídia, por meio de ações de comunicação em que deixam de ser anunciantes para se tornarem elas próprias produtoras de conteúdo cultural, como por meio da criação de revistas customizadas ou eventos de experiência de marca. Nessas ações, as organizações não mais divulgam seus produtos em veículos de comunicação ou patrocinam eventos renomados, de modo a associar suas marcas a eles, mas tornam-se mídia, transformam-se em seus próprios veículos e são o seu próprio evento. Nessas ações – que, no contemporâneo, se revestem de uma imposição velada e cujos objetivos, na maioria das vezes, deixam de ser explícitos –, encontramos vestígios de como as organizações se mostram para seus interlocutores, como os concebem e os convocam para uma relação, bem como que tipo de relação pretendem estabelecer. Nessas ações, percebe-se menos a presença de uma mensagem que precisa ser transmitida e mais a tentativa de um enquadramento da interação, ou a convocação de sujeitos para uma relação, com base na qual sentidos, discursos e identidades serão criados.

A dimensão simbólica da comunicação no contexto organizacional

A análise comunicacional na contemporaneidade demanda ainda uma busca pela compreensão de como se dá o compartilhamento de sentido – universo simbólico, necessidades, valores etc. – nesta sociedade do hiperconsumo e mediatizada. Se a mídia e o consumo se constituem nas principais arenas de produção de sentido, estas devem configurar a dimensão simbólica da comunicação, devendo fazer parte da análise do fenômeno comunicativo para entendê-lo, ainda, no contexto das organizações.

Segundo o paradigma relacional, a dimensão simbólica da comunicação está materializada nos discursos dos interlocutores – enunciados e marcas de enunciação –, que, como *vestígios* da comunicação, trazem impressas marcas do contexto em que a interação se dá, características dos interlocutores e da própria relação. Discursos e linguagem são entendidos, aqui, de maneira ampliada, como tudo que possa participar da construção de enunciados nos processos comunicativos. O discurso é, assim, entendido como o que emerge da relação entre consciências e, sendo conformado pela linguagem, é expresso em dado contexto de interação.

Ao considerarmos o discurso a dimensão simbólica que permite a produção de sentido, temos em Santaella (2007) a argumentação sobre a atuação das mídias e das tecnologias como elementos ordenadores da sociedade contemporânea, afetando o quadro de referências e os dispositivos para produção e compartilhamento de sentido dos indivíduos. Assim, as organizações, como sujeitos sociais que se instituem pelas interações permanentemente mantidas com a sociedade, também se reconstituem e reconfiguram suas relações, linguagem, práticas discursivas e produção de sentido, com base na lógica midiática, pautada pelas tecnologias da informação. A autora recorre ao pensamento de McLuhan para justificar a premissa de que

> mudanças nos meios de comunicação produzem mudanças neurológicas e sensórias que afetam significativamente nossas percepções e ações. Toda nova tecnologia cria gradualmente um ambiente humano inteiramente novo. Ambientes não são vestimentas passivas, mas processos ativos (Santaella, 2007, p. 204).

As organizações, ao se tornarem mídia, contribuem para a conformação de um novo modo de estar no mundo e passam a ser vistas não apenas como sujeitos sociais que, como tais, constroem a vida em sociedade, mas como privilegiados *agentes de significado* (Klein, 2002). Por essa perspectiva, analisada com base no conceito de *branding*, as organizações empresariais contemporâneas estariam cada vez menos vinculadas a seus produtos e mais às suas marcas. O papel das marcas seria, então, de criar significados sobre si mesmas, para além do consumo de produtos, ordenando a produção de sentido:

> Se as marcas são "significado" e não características de produto, então a maior proeza do *branding* surge quando as empresas fornecem a seus consumidores oportunidades não apenas de comprar, mas de experimentar plenamente o significado de sua marca (Klein, 2002, p.170).

Ao se converterem, como mídia, em agentes de significado, as organizações assumem papel de destaque na sociedade contemporânea, instituindo-se como forças conformadoras de nossa cultura. Como mídia, elas transacionam material simbólico e participam ativamente do processo de construção de sentido de nossa sociedade.

> A publicidade e o patrocínio sempre se voltaram para o uso da imagem para equiparar produtos e experiências culturais e sociais positivas. O que torna diferente o *branding* dos anos 1990 é que ele cada vez mais procura retirar essas associações do reino da representação e transformá-las em uma realidade da vida. (...) Embora nem sempre seja a intenção original, o efeito do *branding* avançado é empurrar a cultura que a hospeda para o fundo do palco e fazer da marca a estrela. Isso não é patrocinar cultura, é ser a cultura. E por que não deveria ser assim? Se as marcas não são produtos, mas conceitos, atitudes, valores e experiências, por que também não podem ser cultura? (Klein, 2002, p. 53-54).

A dimensão simbólica – o discurso e a produção de sentido –, sendo influenciada e modificada de acordo com os ambientes culturais que emergem com as mudanças dos meios de comunicação, integra o quadro relacional da comunicação no contexto organizacional. Dito de outra forma, a construção e o compartilhamento de sentido são uma das dimensões que conformam o fenômeno comunicacional. Tal dimensão, ao ser alterada pelas transformações da mídia e de suas linguagens, altera todo o quadro relacional. Ao se mediatizarem, as organizações transformam o contexto social, reconfiguram o estoque cognitivo dos sujeitos, seus discursos e suas interações.

A dimensão da interação entre os sujeitos no contexto organizacional

A dimensão da interação remete à relação instituída no momento em que os sujeitos estão em comunicação. O paradigma relacional apoia-se principalmente em Mead (1962) no entendimento de que as interações são ações reciprocamente referenciadas que fundam, juntas e em um mesmo movimento, indivíduo e sociedade. Essas interações baseiam-se em gestos significantes – aqueles que contêm significado para quem os faz e para o outro a quem se dirigem – e na retroatividade entre estímulos e reações – um movimento de reflexividade.

O gesto significante – e podemos entender a comunicação desse conceito – possui, nesse sentido, uma "reversibilidade", uma "dupla natureza" que marca "sua inscrição relacional (ele existe no e através do outro)" (França, 2006, p.4). Nessa perspectiva, a comunicação é compreendida como um processo reflexivo de estímulos e respostas, não com base em uma relação causal, mas como um processo multirreflexivo, dinâmico e circular, em que a fonte de estímulos é também de respostas e a de respostas, de estímulos. Estar em comunicação é, portanto, instituir-se na presença do outro, em um movimento de mútua afetação pela ação, reação e projeção da ação de si e do outro; e comunicação é, pois, a ação reciprocamente referenciada pela ação do outro (França, 2006).

Um autor influenciado pelas ideias de Mead (1962) nas análises sobre a interação é Goffman (1986).[4] Para ele, também, o *estar em relação* demanda dos sujeitos a consciência da situação, para seleção do papel a ser desempenhado por cada um diante do outro, naquela ação específica. No entanto, ele vai além dessa perspectiva ao traba-

---

4. Para Goffman (2007, p. 23), "a interação (isto é, interação face a face) pode ser definida, em linhas gerais, como a influência recíproca dos indivíduos sobre as ações uns dos outros, quando em presença física imediata". Embora estes autores – Mead e Goffman – tenham trabalhado a perspectiva de interação apenas no contexto face a face, estudos contemporâneos da comunicação têm buscado seu entendimento ampliado para o contexto das novas mídias, que permite e configura relações de copresença virtual.

lhar as *formas das interações*, considerando que estas não são aleatórias, mas formatadas socialmente,[5] instituindo os posicionamentos dos sujeitos, as convocações que fazem ao outro, seus desempenhos e suas expectativas.

Falar da dimensão da interação compreende, portanto, falar sobre os sujeitos interlocutores que se instituem na relação com o outro, com a linguagem e o simbólico, de forma que a presença de um afeta a do outro. Isso indica a centralidade da interação no processo comunicativo, marcado pela possibilidade e pela tentativa de antecipação não apenas das expectativas, mas das ações dos interlocutores no processo.

> O sujeito da comunicação é um sujeito social; ele é também, indubitavelmente, um enunciador de discursos ou um leitor de textos. Mas ser sujeito da comunicação ou em comunicação significa algo mais específico, e nomeia um sujeito enredado em uma teia de relações. São as relações que constituem esse sujeito – a relação com o outro, a relação com a linguagem e o simbólico. (...) São sujeitos interlocutores – sujeitos que falam um com o outro, produzidos nos e pelos laços discursivos que os unem (França, 2006, p. 76-77).

Avançando ainda na análise das formas da interação, temos em Quéré (2003) uma proposta para repensar a noção de *público* como agrupamento coletivo de pessoas, cuja existência é anterior ao processo de interação e independente dele, como comumente abordado na bibliografia de comunicação no contexto organizacional. Para o autor, devemos pensar em público como *forma* que se institui na relação, na ação comum, por meio de uma estrutura de agenciamento – um *contexto institucional* – que ordena os papéis e permite a construção de sentido. Por essa perspectiva, o público se configura com base em cada situação de convocação, que ordena os papéis desempenhados pelos sujeitos em relação ao outro, naquele contexto espe-

---

5. O autor utiliza o termo "representação" para se referir ao posicionamento adotado pelos sujeitos na interação social.

cífico de interação. Nesse sentido, público é mais uma configuração de papéis do que uma figura propriamente dita, um ser concreto.

Público, para o autor, não é adjetivo de alguma coisa (uma organização pública, por exemplo), nem substantivo (o público como sujeito), mas algo da ordem do verbo ou do advérbio (público como o próprio processo de conformação), algo que se constitui na experiência. Para elucidar o caráter adverbial do público, Quéré (2003) recorre à semântica da ação coletiva, ou a uma concepção adverbial do sujeito da ação, que defende a sobredeterminação do verbo em uma estrutura enunciativa. Assim, é o verbo que ordena a configuração dos elementos de uma frase; é em relação ao verbo que toda a estrutura – inclusive o sujeito – se conforma.

> Para uma semântica adverbial da ação, o que importa em uma frase é o verbo, pois é ele que determina sua estrutura, é ele que define lugares a serem preenchidos e as relações que os une; ele chama complementos que especificam modalidades de ação e determina os suportes que lhe convêm, assim como o modo de implicação ou de engajamento deles (...). O sujeito não passa ele próprio de um dos complementos do verbo: como os advérbios, ele complementa o verbo, precisando uma modalidade de ação expressa por este, pelo verbo. É por isso que se fala de uma concepção adverbial do sujeito (Quéré, 2003, p. 126)).[6]

Assim, instituímo-nos como público quando *temos uma experiência* e nela nos engajamos, quando compartilhamos sentido. Essa experiência será sempre única para os sujeitos, apesar de ter sempre uma dimensão de compartilhamento. Isso significa que a experiência afeta os sujeitos em particular, mas é sempre uma relação partilhada e recíproca. Significa, também, que as pessoas agem, embora individualmente, sempre como membros de um sistema, com base em uma estrutura organizante. Como sintetiza Quéré (2003), opondo-se à ideia de público como agrupamento coletivo, ou um sujeito coletivo preeexistente, é preciso atribuir o aspecto coletivo à ação, não ao sujeito.

---

6. Tradução livre nossa.

Esses entendimentos parecem ser fundamentais para análise da comunicação no contexto organizacional, na medida em que trazem a interação para o centro da análise e nos permitem percebê-la como relação que institui seus sujeitos no momento em que ela se dá, sendo que cada um participa da ação tendo como referencial o outro. Uma organização social, como sujeito coletivo complexo, empreende, simultânea e permanentemente, múltiplas interações com outros sujeitos sociais, conformando contextos específicos. É a relação com o outro, portanto, que define quem a organização é, naquela interação, e quem são seus interlocutores.

Uma organização se institui como prestadora de serviços, posto de trabalho etc. apenas de suas interações, ao posicionar-se, na comunicação, em relação ao outro. Do mesmo modo, seus interlocutores se instituem como público – cliente, funcionário etc. –, precisamente na relação que estabelecem com a organização, naquele contexto específico. São as interações entre os sujeitos, em determinado contexto de institucionalização, que os instituem e os posicionam diante do outro, permitindo sua identificação, a produção e o compartilhamento de sentido. Na interação, organização e interlocutores têm seus próprios objetivos e moldam suas ações de acordo com o posicionamento (projetado ou efetivo) do outro, naquele contexto. É dessa forma que a interação é conformada pela ação dos sujeitos, referenciada no outro, e que os sujeitos também se conformam pela interação, conformando o contexto.

A emergência do quadro relacional como possibilidade de análise da comunicação no contexto organizacional

No esforço de realizar uma revisão crítica dos paradigmas da comunicação, França (2002) alerta para a necessidade de tomar o fenômeno comunicacional como uma globalidade, algo que escaparia à análise de suas partes isoladas. Como proposta, a autora apresenta o paradigma relacional, cujo objeto de estudo seria o quadro relacional que emerge pela imbricação das dimensões simbólica, contextual e interacional da comunicação. Como a própria autora pondera, esse paradigma não apresenta nenhum elemento novo aos estudos do campo: sua contribuição e especificidade não estão, de fato, em introduzir novos conceitos, mas simplesmente em colocar os já estudados em relação. A partir dessa perspectiva, configura-se um quadro relacional pela interação entre sujeitos que, ao compartilharem sentido em determinado contexto, instituem o fenômeno da comunicação.

Acredita-se que o paradigma relacional, como aporte teórico e metodológico para análise da comunicação no contexto organizacional, possibilita avanços significativos nos trabalhos de investigação empírica. Por essa perspectiva, entendemos como as organizações instituem um contexto específico de interações, do qual o fenômeno da comunicação pode ser analisado – embora não represente a totalidade do fenômeno. Ao trazer as interações para o centro de análise, revela, ainda, a constituição dos sujeitos e a força do *outro* na relação comunicativa. Como globalidade, e com base no paradigma relacional, a comunicação no contexto organizacional precisa ser analisada, portanto, pela imbricação das suas dimensões simbólica, contextual e interacional, e são justamente as inter-relações dessas dimensões que conferem destaque à proposta – e que, apenas para efeito de sistematização, foram apresentadas separadamente neste artigo.

Referências bibliográficas

BAUMAN, Z. *Modernidade líquida*. Rio de Janeiro: Zahar, 2001.

BRAGA, José Luiz. Constituição do campo da comunicação. In: FAUSTO NETO, A. et al. (orgs.). *Campo da comunicação*: caracterização, problematizações e perspectivas. João Pessoa: Editora da UFPB, 2001.

_____. Os estudos de interface como espaço de construção do campo da comunicação. *Contracampo* 10/11, vol. 2, p. 219-235, 2004.

_____. Mediatização como processo interacional de referência. In: XV ENCONTRO DA COMPÓS, XV, 2006. [Trabalho apresentado no Grupo de Trabalho Comunicação e Sociabilidade]. *Anais...* Bauru, Unesp, jun. 2006.

CASALI, A. M. *Comunicação organizacional*: a comunicação enquanto variável e metáfora organizacional. Curitiba: UFPR, 2007. [Mimeo].

DEETZ, S. Conceptual foundations. In: JABLIN, F. M.; PUTNAM, L. L. (eds.). *The new handbook of organizational communication*. California: Sage Publications, 2001. p. 3-46. [Trad. da p. 1-30].

FRANÇA, V. V. O objeto da comunicação, a comunicação como objeto. In: HOHLFELDT, A. et al. (orgs). *Teorias da comunicação*: conceitos, escolas, tendências. Petrópolis: Vozes, 2001.

_____. Paradigmas da comunicação: conhecer o quê? In: MOTTA, L. G. et al. (orgs.). *Estratégias e culturas da comunicação*. Brasília: Universidade de Brasília, 2002. p. 13-29.

_____. Sujeitos da comunicação, sujeitos em comunicação. In: GUIMARÃES, C.; FRANÇA, V. (orgs). *Na mídia, na rua*: narrativas do cotidiano. Belo oHorizonte: Autêntica, 2006. p. 61-88.

_____. Contribuições de G. H. Mead para pensar a comunicação. In: ENCONTRO DA COMPÓS, XVI, 2007. [Trabalho apresentado no Grupo de Trabalho Epistemologia da Comunicação]. *Anais...* Curitiba, Universidade Tuiuti do Paraná, jun. 2007.

GOFFMAN, E. *Frame analysis*: an essay on the organization of experience. Massachusetts: Northeastern University Press, 1986.

_____. *A representação do eu na vida cotidiana*. 14. ed. Petrópolis: Vozes, 2007.

KLEIN, N. *Sem logo*: a tirania das marcas em um planeta vendido. Rio de Janeiro: Record, 2002.

KUNSCH, M. M. K. *Planejamento de relações públicas na comunicação integrada*. 4. ed. – rev., atual. e ampl. São Paulo: Summus, 2003.

LIPOVETSKY, G. *A felicidade paradoxal*: ensaio sobre a sociedade do hiperconsumo. São Paulo: Companhia das Letras, 2007.

MEAD, G. H. *Mind, self, & society*. London: The University of Chicago Press, 1962.

OLIVEIRA, I. L.; PAULA, M. A. *O que é comunicação estratégica nas organizações?* São Paulo: Paulus, 2007.

PUTNAM, L. L.; PHILIPS, N.; CHAPMAN, P. Metáforas da comunicação e da organização. In.: CLEGG, S. R.; HARDY, C.; NORD, W. R. (orgs.). *Handbook de estudos organizacionais*. São Paulo: Atlas, 2004. p. 77-125.

QUÉRÉ, L. Le public comme forme et comme modalité d' experience. In: CEFAI, D.; PASQUIER, D. (orgs.). *Les sens du public, publics politiques, publics médiatiques*. Paris: PUF, 2003.

REIS, M. C.; COSTA, D. A zona de interseção entre o campo da comunicação e dos estudos organizacionais. In: XV ENCONTRO DA COMPÓS, XV, 2006. [Trabalho apresentado no Grupo de Trabalho Comunicação e Sociabilidade]. *Anais...* Bauru, Unesp, jun. 2006.

SANTAELLA, L. *Linguagens líquidas na era da mobilidade*. São Paulo: Paulus, 2007.

SODRÉ, M. *Antropológica do espelho*: uma teoria da comunicação linear e em rede. Petrópolis: Vozes, 2002.

Terceira Parte

COMPLEXIDADE E COMUNICAÇÃO ORGANIZACIONAL: INTERFACE EMERGENTE

NOTAS SOBRE A COMPLEXIDADE NAS ORGANIZAÇÕES E NAS CIÊNCIAS SOCIAIS

Euclides Guimarães

A questão da complexidade há muito assombra o conhecimento científico, pois sempre que é aventada envolve a necessidade de extrapolar o pensamento linear aristotélico cartesiano com o qual, em primeira e última instância, esse conhecimento se faz. Em geral, a complexidade é um caráter que se identifica nos fenômenos em cujo curso acontecem efeitos que a dita tradição epistêmica se vê incapaz de resolver. Disso podemos extrair algumas premissas preliminares:

1) A complexidade cobra uma constante revisão dos paradigmas que sustentam o raciocínio científico. Mesmo que não se possa escapar desses paradigmas, vemo-nos constantemente diante da necessidade de explorar seus limites e aceitar modestamente que o poder explicativo da lógica linear não nos redimirá de nossa ignorância. Então a complexidade nos ensina de antemão que o saber não pode se acreditar como um espelho da realidade. Diante da complexidade, a ciência não logra ser normativa; deve se conformar em ser tão somente compreensiva (Weber, 2006).

2) Diante disso a complexidade não se traduz, como uma primeira leitura poderia sugerir, em aceitação passiva de que há coisas indizíveis ou incognoscíveis. Não é uma declaração sistemática de nossa impotência, ao contrário, torna-se um conceito potente, de forma que é preciso lidar com a incerteza de maneira a imergir nas dificuldades impostas pelos sistemas complexos, extraindo disso outras possibilidades de previsão e análise. Em outras palavras, a questão da complexidade posta significa tomar a incerteza como ponto de partida e não de chegada.

3) A dificuldade de aceitar o acaso como regente dos acontecimentos, ou pelo menos de boa parte deles, talvez seja o grande impulsionador da recorrência da complexidade como conceito. A Física contemporânea procura abarcar o máximo de fenômenos naturais em sua gama de previsibilidade, tendo se tornado uma ciência muito habilidosa em lidar com a incerteza. Um breve exame nas premissas que sustentam a assim chamada "teoria do caos" nos ajuda a perceber que essa teoria deveria mesmo se chamar "teoria da fina ordem que emerge dos acontecimentos aparentemente caóticos."

4) As preliminarmente incômodas complexidades são identificáveis em fenômenos físicos, biológicos, sociais, culturais, econômicos ou psíquicos, de sorte que se trata de um transconceito, no intuito de proporcionar uma ampla circulação de metáforas entre os vários campos da ciência. Isso não significa que todos estejam dizendo o mesmo quando falam de complexidade. Trata-se obviamente de um conceito complexo e, como tal, não se permite uma definição exata. Em parte por isso, trata-se de um termo polissêmico, mas também por isso pode ser usado com mais de um sentido em uma mesma ciência.

Um pequeno passeio pelas inserções do conceito de complexidade no campo das Ciências Sociais permite acompanhar a maneira como as descobertas de outras ciências vieram a surtir efeitos nelas. Falemos um pouco disso.

A complexidade nas ciências sociais

Uma primeira inserção da ideia de complexidade nas ciências sociais refere-se à sua própria origem, quando, ainda na primeira metade do século XIX, Augusto Comte, o epistemólogo positivista a quem é atribuída a fundação da Sociologia, considerou que o alcance das teorias científicas, isto é, o grau de generalização de seus postulados, é inversamente proporcional à complexidade do objeto. Segundo Comte, pode-se estabelecer uma hierarquia entre as ciências, pela qual se torna claro que, quanto mais complexo o objeto, menor será o grau de generalização daquilo que se pode dizer sobre ele. A Física, que nessa época se restringia à linearidade absoluta da mecânica newtoniana, trata do mais simples dos objetos, a natureza, portanto pode se dar ao luxo de enunciar leis universais, como a lei da gravidade. A Biologia já se vê diante de um objeto bem mais complexo, a vida, portanto não será capaz de enunciar leis tão genéricas, mas certamente produzirá postulados mais amplos que a Sociologia, posto que esta haverá de lidar com o mais complexo dos objetos, as interações humanas e, portanto, deverá se contentar com corolários mais modestos (Comte, 1908). Salvo as óbvias ingenuidades que esse pensamento traz, que se evidenciam, por exemplo, por desconsiderar os tantos fenômenos naturais que Newton jamais poderia explicar, algo desse pensamento ainda sobrevive até nossos dias: as generalizações são simplificações perigosas e a complexidade conspira contra a universalidade dos postulados científicos. Na teoria das organizações, hoje se trabalha com a ideia de que cada caso é um caso. Variáveis locais e conjunturais começam a pesar cada vez mais.

A ideia de complexidade embutida na teoria positivista ainda vai ser mais bem explicitada pelo conceito de organismo em Darwin. Sem fugir dos fundamentos que sustentam o pensamento de Comte, Darwin propõe que um organismo será tanto mais complexo quanto maior o número de funções orgânicas que forem necessárias para a manutenção do todo. Nesse sentido, o caminho que leva do simples ao complexo é pautado pelos degraus da multifuncionalidade. O artrópodo estará em um degrau mais alto que o molusco por ter um número maior de funções orgânicas, sendo assim, mais complexo (Darwin,1981).

Não por acaso, Darwin foi o primeiro cientista a considerar a força do acaso como fator determinante de grande parte dos acontecimentos. A complexidade não é necessariamente produto de uma causalidade, é uma propriedade dos entes multifuncionais.

É muito conhecida a "metáfora orgânica" proposta por Durkheim como um impacto sociológico da biologia de Darwin. Tomando a questão da divisão do trabalho como referência empírica, o sociólogo francês elabora um amplo sistema explicativo de onde emergem algumas premissas que até hoje reverberam nas Ciências Sociais. Pelo menos duas delas merecem aqui uma menção:

1) A tendência natural de um sistema (social) é se complexificar, na medida em que o avanço tecnológico, o crescimento populacional e o empreendedorismo humano engendram passos evolutivos que nos trazem em cada tempo a uma complexidade maior. A sociedade, que pode ter nascido como quase um mero mecanismo, por exemplo, quando nômade e subsistente, em um tempo em que todos faziam de tudo, vai se complexificando na medida em que se torna civilização, com um grau cada vez mais alto de divisão do trabalho e toda a interdependência socioeconômica que tal situação suscita (Durkheim, 1995). Nesse sentido, o que é organização para a Sociologia aproxima-se muito do que é organismo para a Biologia e pode-se dizer que uma sociedade é tanto mais complexa quanto maior a divisão do trabalho. Em outras palavras, mede-se a modernidade de um sistema social por sua complexidade.

2) Ocorre que não é apenas a divisão do trabalho a nos ofertar condições de medir a complexidade/modernidade de uma sociedade. Associados a ela estão a expansão dos costumes, a difusão cultural, os palimpsestos históricos causados pelo fato de que as novidades raramente sepultam as tradições, de forma que o convívio do novo com o velho também gera efeitos de complexidade. Chegamos então a uma forma mais consistente de perceber as evidências de

um organismo complexo: complexidade aqui passa a ser sinônimo de diferenciação ou individuação, ou seja, um sistema complexo é aquele na qual as partes se tornam cada vez mais diferentes entre si. É como se pudéssemos considerar uma espécie de entropia social que pode conduzir ao colapso energético da modernidade. Na obra de Durkheim aparece também uma certa correspondência com a maneira como a complexidade é concebida pela termodinâmica, uma vez que a ordem (social) tende a se tornar mais precária com a complexificação. A pós-modernidade pagaria, dada a entropia da modernidade, o preço de certa dissipação energética. Assim como na teoria do *big bang*, um sistema em expansão ver-se-á cada vez mais expandido, de forma que seus componentes ver-se-ão cada vez mais distantes (diferentes) entre si. Para além da diferença, a entropia postula a queda de energia.

Todas as definições de complexidade com que trabalhamos até agora são simples e talvez não possamos nos contentar com isso. Foi fundamental, para que a própria ideia de complexidade ganhasse complexidade, a imersão da física nos fenômenos ou muito grandes, como os trabalhos de Einstein sobre a curvatura do universo, ou muito pequenos, como os de Planck sobre os quanta. É evidente que um sociólogo em sã consciência não deve se arriscar a explicar os raciocínios da Astrofísica ou da Mecânica Quântica, mas ao menos sabemos como a superação da mecânica newtoniana se faz refletir também nos campos das Ciências Sociais. Sabemos também que grande parte dos prodígios tecnológicos que têm lugar na contemporaneidade seria impossível não fosse a lida das ciências naturais com recursos técnicos advindos da teorização da complexidade. Por esse aspecto, e tão somente por ele, devemos considerar apenas algumas das conclusões mais genéricas dessas concepções, principalmente porque é exatamente pela complexidade que elas irão se encontrar. Esse ponto de encontro irá perpassar os caminhos trilhados pelas ciências no século XX e no século XXI. Isso inclui a Biologia, especialmente em suas descobertas sobre o DNA, e a grande vedete de um novo campo naturalmente dotado para a transdisciplinaridade, a Neurociência.

Um influente epistemólogo francês, professor Jean Pierre Dupuy, acredita que se torna necessária uma mudança de paradigma para que as Ciências Sociais possam realmente lidar com a complexidade. Referenciando-se nas reflexões de um dos mais poderosos físicos do século XX, o lendário John Von Newman, Dupuy concebe a complexidade como algo que está além daquilo que pode ser descrito pelo funcionamento de um sistema qualquer. Ser complexo é, para ele, ser capaz de complexificação. Assim, a complexidade, por via de regra, não está no que um sistema é, mas, sim, no que ele é capaz de fazer. Por tal concepção a complexidade associa-se a uma espécie de autotranscendência. Por exemplo, sabemos que o pensamento é gerado por um conjunto sofisticado de relações físico-químicas, mas jamais poderíamos reduzir o pensamento a essas reações, de forma que é preciso considerar um elemento de irreversibilidade quando enfocamos a ideia de complexidade. Vê-se assim que um sistema é complexo quando suas ações transcendem os componentes necessários para que tais ações aconteçam.

Para as Ciências Sociais, essa interpretação tem consequências muito relevantes. Tomemos um exemplo da Antropologia; a questão da difusão cultural: quando duas culturas que nunca interagiram antes se encontram, a nova cultura resultante desse encontro resultará em algo mais complexo do que a soma das culturas originais, uma vez que, além das influências exercidas por cada uma das matrizes, advêm ações compósitas, resultantes da combinação peculiar dessas influências. Soma-se ainda a maneira como essa nova cultura aprende consigo mesma quando, no suceder das novas gerações, vai introduzindo novos hábitos, onde se pode identificar a presença de influências originais sem, contudo, poder retroagir a suas formas elementares, dado o amplo redimensionamento por que passam enquanto se reinventam.

A capoeira brasileira poderia oferecer uma ilustração eficiente do que aqui inferimos. Embora suas raízes sejam consensualmente atribuídas à África, já não se identifica nada semelhante a ela entre os ritos que se podem observar na África hoje. Já no caso brasileiro, emergem duas diferentes modalidades. Uma, que se pretende fiel às raízes (ora já pautadas por uma tênue presença), denominada capoeira da Angola, outra que se permite assimilar as mais variadas influências advindas das danças regionais ou mesmo de expressões corporais difundidas pela cultura *pop*, denominada capoeira regional. O desejo de autenticidade da capoeira da Angola permite que ela se mantenha como um conjunto de gestos relativamente fixos, mesmo que consideremos os elementos de fabulação que necessariamente a desviam das práticas originais de além-mar. Enquanto isso, a cada dia novos gestos se somam aos passos da capoeira regional. Em uma e em outra estarão invariavelmente presentes a transcendência e a irreversibilidade próprias da complexidade.

Também a história das civilizações permite entender a potência complexificadora da difusão cultural. As comunidades humanas que se desenvolveram em civilizações a partir de certa altura do período neolítico foram justamente aquelas que vivenciaram profundos e longos processos de difusão cultural. Oriundos desses processos, os povos agrícolas considerados as primeiras civilizações (costumeiramente também designadas sociedades complexas) contaram com uma complexidade nunca antes experimentada, pautada pelo anonimato, por intricadas tecnologias e por fabulosas mitologias, também estas resultantes do encontro de mitos regionais que se misturaram ao ponto de não serem reversíveis aos saberes mágicos que as originaram.

A essa altura chegamos às reflexões mais contemporâneas sobre a complexidade. Ao mesmo tempo como causa e efeito do quanto se pensa hoje sobre ela, deparamo-nos com as novas descobertas sobre a inelutabilidade da relação observador/observado como fator determinante da objetividade do conhecimento científico.

Os antropólogos foram os primeiros a lidar com algo semelhante ao problema que ora passamos a considerar. Ainda no século XIX, para realizar seus estudos de etnografia, eles precisavam se infiltrar em tribos e comunidades, a fim de observar a normalidade do comportamento desses povos. Contudo, o simples fato de o antropólogo permanecer por lá alterava o comportamento "normal" da tribo. O impasse metodológico engendrado por esse problema tornar-se-ia uma premissa geral para as ciências na medida em que, aos poucos, se descobria que o observador nunca é apenas um ponto passivo distante do objeto, sem que o olhar em si já não esteja a interferir na "normalidade" funcional do fenômeno contemplado.

Nas palavras de Morin (s/d, p. 27), é

> claro que qualquer enunciado de observação necessita e supõe uma atividade organizadora ao mesmo tempo intelectual e crítica, seleções, cortes, extrações etc., o que nos coloca perante esse paradoxo inelutável: o mundo que a ciência quer conhecer tem de ser um mundo objetivo, independente do seu observador, mas esse mundo não pode nunca ser percepcionado e concebido sem a presença e a atividade desse observador-conceptor.

O problema epistemológico da complexidade começa a coincidir com o problema ontológico resultante das conclusões a que têm sido levados os cientistas desde a mecânica quântica, pela qual se percebe que o comportamento das partículas subatômicas não se pode entender previamente senão por sua configuração como informações. Antes se via o universo como o resultado de relações de forças. Com a termodinâmica, passou-se a pensar tudo como trocas de energia. As pesquisas quânticas mostram que a matéria pode se comportar tanto como partícula quanto como energia, dependendo do *input* que a estimula. Se a matéria é ora força, ora energia, então é a informação o que determina seu comportamento. Isso pode significar que a incerteza não é apenas uma limitação do saber, mas um aspecto da própria realidade. A indeterminação da posição de um elétron ou o comportamento de um fóton não é apenas um problema do conhecimento, mas um dado da realidade. O fator determinante do universo quântico, não sendo necessariamente nem corpo nem energia, oscilando entre um e outro de acordo com a natureza do estímulo (*input*), é então a informação. Como nas palavras do professor Wheeler, "o *it* vem do *bit*". Leiamos dele a seguinte declaração:

Penso em minha vida na física como dividida em três períodos. No primeiro período (...) trabalhei com a impressão de que tudo são partículas. (...) Chamo meu segundo período de tudo são campos. (...) Agora fui tomado por uma nova visão, a de que tudo são informações (Wheeler, apud Siwgfried, 2000, p. 9).

Os biólogos chegam a conclusões semelhantes trilhando caminhos bem diferentes. Nesse caso é a descoberta do DNA como o código binário no qual está virtualmente embutida a vida, sendo essa então originária de uma imensa cadeia informacional. Amalgamando tudo isso, encontraremos o autômato complexo que pôs a informação na ordem do dia da Física, da Biologia e das ciências como um todo, o computador. Físicos, biólogos e neurocientistas tendem a concordar em um ponto: o Universo computa.

Pensando o cérebro humano como uma grande máquina biocomputacional, mesmo aceitando ser ela ainda mais complexa que todas aquelas inventadas ou mesmo imaginadas, aparece a Neurociência. A Biologia, a Física e a Filosofia podem se comunicar mais intensamente do que nunca pelas necessidades teóricas da Neurociência e o pressuposto a que se apega toda essa gama de estudos é (como poderia ser diferente?) a complexidade.

Para as Ciências Sociais os efeitos dessa confluência trazem alguns reflexos importantes. A complexidade é sobretudo a nebulosa de relatividade que abarca os fenômenos e, ao mesmo tempo, as possibilidades cognitivas com que os observamos. Para além de qualquer formulação prévia, o que pesa é o processo constante de autopoiesis sem o qual não se explica nem a vida, nem a psique, nem a sociedade. Esse processo não derruba apenas a perspectiva normativa ou o que dela restava, mas põe em xeque todas as dualidades que em outros tempos estavam nas sólidas bases orientadoras da teoria e da pesquisa, inclusive aquela que estabelecia as fronteiras entre a natureza e a cultura, atribuindo ao humano uma ilusória autonomia diante da natureza e ao mundo exterior. A própria dualidade natureza versus cultura se afrouxa (Maturana, 2001).

Abaladas as dualidades estruturais sobre as quais se sustenta todo o racionalismo cartesiano, e substituindo-a pela dualidade dinâmica do *bit*, vemo-nos em condições de atribuir uma última característica aos sistemas complexos em geral: são sistemas nos quais a contradição é perfeitamente suportável. Se outrora forças contraditórias pareciam ser autoexcludentes, agora sabemos que podem ser até mesmo complementares.

Talvez aqui esteja a principal contribuição da teoria da ciência contemporânea à prática das Ciências Sociais: entender a sociedade ou a organização como sistemas complexos é, de antemão, aceitar a contradição como caráter intrínseco e, portanto, estrutural destes.

Complexidade e organização

Globalização ou mundialização são termos amplamente usados para falar do grande sistema que alinhava a Economia em nossos dias. É difícil encontrar algum sistema produtivo em curso que não esteja, de alguma maneira, afetado por esse processo, de forma que devemos tomar como pressuposto a ideia de um sistema operacional planetário cuja abrangência desconhece precedentes históricos. A Economia Política circula hoje por uma imensa malha comunicacional a que Castells (2000) denomina "sociedade em rede", possibilitada preeminentemente pelas novas tecnologias da informação, com as quais se torna possível, entre muitas outras coisas, administrar negócios a distância.

As grandes operadoras desse processo são as corporações transnacionais que ora se configuram como organizações capazes de se sobrepor às estruturas estatais movimentando mais capital e mais recursos que elas. Quanto maior uma empresa ou mais abrangentes suas influências, tanto mais pertinente se faz pensá-la como uma organização. Podemos inferir que ocorre um processo de deslocamento da economia em direção a essas grandes organizações que faz delas, seguramente, as protagonistas do referido sistema. Uma definição simplificadora, mas correta, para a globalização seria: o processo pelo qual organizações privadas se tornam maiores e mais poderosas que as organizações públicas. Por certo há inúmeras implicações decorrentes desse fato, uma vez que a organização empresarial, situada assim no centro desse processo, se posta ao mesmo tempo como produtora de complexidade e como uma das principais interessadas em aprender a lidar com ela.

Há uma dinâmica própria da natureza das organizações privadas, na qual está embutida a ideia de atuar no mercado em clima de concorrência, onde nada pode pesar mais que os resultados. No entanto, uma nebulosa de complexidade já nos atinge quando se contemplam os critérios para a medição dos resultados. Uma tempestade de índices assola o empreendedor contemporâneo. Os números então se tornam mais significativos que em qualquer outra época e a busca de resultados que possam ser medidos por índices ganha também um peso inusitado. Contudo, é preciso considerar uma constante revisão das variáveis contempladas na configuração de cada indicador. Nunca se está seguro com relação à forma de medir os resultados, nunca se sabe exatamente qual peso se deve atribuir a cada variável, nunca se sabe sequer quais as variáveis a serem contempladas e, com isso, navega-se sempre em um mar de incertezas. Eis aí um fator preponderante nas preocupações da teoria das organizações. Vivemos no tempo do cálculo do risco, em uma economia dinâmica o suficiente para que os bem-sucedidos de hoje não se isentem da eterna ameaça de se tornarem os fracassados de amanhã.

Em um contexto como esse, fatores alheios à racionalidade interferem constantemente, longe dos gestores contemporâneos, o luxo de poder trabalhar com os cálculos lineares e as metas fixas que outrora norteavam as ações organizacionais! Cobra-se cada vez mais a versatilidade de saber combinar o que nunca foi combinado, o que implica rever as metas e os processos constantemente e também desenvolver a habilidade de decidir no âmago da incerteza. Não admira o fato de que nunca se falou tanto em *feeling*. Treinado pela razão instrumental, o empreendedor de nosso tempo precisa contar com a intuição, em uma contradição própria dos ambientes complexos: no auge da era dos índices numéricos, em que a cada dia aflora uma miríade de gráficos e planilhas, percebe-se que o segredo do sucesso pode estar mesmo é na intuição. Importante observar que pura intuição é suicídio, de sorte que a contradição aqui não se dá por fatores excludentes entre si, mas, sim, complementares.

É nesse sentido que Latour (1994) fala de "proliferação dos híbridos": associar de forma inédita o que antes não parecia ser associável. Obviamente que aí está um dos tentáculos da complexidade a assolar a teoria. Dados obtidos em observação a um ou outro aspecto pouco dizem. Fazendo uso dos recursos que as novas tecnologias proporcionam, o negócio agora é cruzar dados.

Importa considerar o problema da fluidez das metas como parte de uma problemática geral da contemporaneidade, a qual levou o sociólogo Zygmunt Bauman (2007, p. 7) a cunhar um novo rótulo para nosso tempo: modernidade líquida. "Líquido-moderna é uma sociedade em que as condições sob as quais agem seus membros mudam em um tempo mais curto que aquele necessário para a consolidação, em hábitos e rotinas, das formas de agir." Por essa ótica somos levados a uma nova inserção da questão da complexidade em nosso tempo, um tempo em que tudo são processos, pautado assim por uma dinâmica frenética, em que nada pode ser revertido aos seus estados originais ou anteriores. Para as organizações, isso traz profundas decorrências, a começar pelo perigo do comprometimento de um aspecto que lhe é essencial, a configuração de procedimentos e rotinas fixas como o que faz dela uma instituição organizada.

Na palavra organização encontra-se embutida a ideia de rotinas e hábitos cristalizados. Organizar é, por natureza, conspirar contra o acaso e tal conspiração não se faz senão pela afixação de hábitos, sem a qual os atos humanos se tornam sobremaneira imprevisíveis. No entanto, cada vez menos parece podermos contar com a cristalização de hábitos, uma vez que a fluidez da contemporaneidade tende a remetê-los de pronto à obsolescência. Nesse frenesi emerge uma nova ameaça: o desperdício de competências e tempo, dada a fluidez dos próprios saberes, a necessidade do constante aprendizado e a única garantia dada, a de que as coisas não poderão manter-se por muito tempo como estão. Gerenciar se torna, assim, uma atividade mais de escuta que de fala, na medida em que a vigilância em nome da manutenção da ordem vai dando lugar ao monitoramento em nome do controle da desordem. Tudo isso, amalgamado pela obsessão da disputa pelo melhor resultado, tem como efeito imediato trazer para o interior da organização a lógica que antes pautava sua relação com a outra lógica, a do mercado, a concorrência.

A forma tradicional do trabalho está em crise. Cada vez menos pesam sobre os ombros do trabalhador as exigências tradicionais das ações rotineiras, como se submeter a jornadas e realizar tarefas repetitivas. Cada vez menos se estabelecem vínculos empregatícios, de forma que diminui consideravelmente o grau de compromisso outrora intrínseco a esse tipo de vínculo. Em vez de empregados os trabalhadores se tornam associados, concorrendo entre si na busca do melhor resultado. Postula-se assim que vivemos na sociedade do conhecimento, da qual emerge um novo tipo de trabalhador, cujos dotes principais deixam de ser a disciplina ou a fidelidade, passando a ser a versatilidade, a capacidade de adaptação (Lévy, 2000).

O especialista dá lugar àquele que é capaz de transitar por diferentes formações; o emprego dá lugar à empregabilidade. À parte as pressões a que cada um é capaz de se submeter, percebe-se a fragilidade do indivíduo imerso nessa modernidade líquida, abandonado à sua própria sorte, também ele, assim como a organização, imerso em um mar de incertezas, principalmente no que se refere a até quando suas habilidades atuais permanecerão dotadas de algum valor. É evidente que essa dinâmica tende a aumentar as distâncias que separam as elites das bases da produção. Na sociedade do conhecimento o maior crime é não acompanhar as mudanças, não se adaptar a elas e assim "perder o bonde", talvez melhor dizer, o "trem-bala" da história. Isso vale tanto para enfocar o indivíduo no cenário da organização quanto para pensar a organização no cenário global.

Na malha social abarcada pela organização as elites se distanciam das bases, substituindo o alto grau de compromisso que as ligavam no passado pelo alto grau de conectividade do presente. Com isso também se distancia cada vez mais o produtor do consumidor, visto que qualquer produto, por mais simplório que seja, resulta da combinação de tantos materiais, tantas ações e tantas habilidades que se torna praticamente impossível rastrear todo o processo de produção, de forma que o que a sociedade do conhecimento mais produz é mesmo a ignorância. As antigas fábricas, que chegavam a ser unidades produtivas completas, veem-se hoje substituídas pelas montadoras. Por meio da terceirização, o processo de produção imerge em uma nova fase de muito maior complexidade, na qual a transformação da matéria-prima passa por várias etapas independentes entre si. Disso resulta um produto insípido. Um simples isqueiro ou uma caneta esferográfica é algo que, em última instância, ninguém sabe fazer.

Uma última consideração, entre as muitas que ainda poderíamos levantar para tratar de um problema tão profuso, refere-se aos palimpsestos históricos, que não podem ser ignorados, quer queiramos entender a complexidade das organizações, quer queiramos entender o nosso tempo como um todo. Trata-se de um tempo que contém todos os outros. A pós-modernidade não anula a maior parte das características organizacionais da modernidade, mas inevitavelmente as extrapola. Isso quer dizer que o tom prospectivo dos parágrafos anteriores deve ser amenizado. Um novo fator de complexidade sugere que novidades não sepultam tradições, mas, ao contrário, convivem com elas. A história é o amplo processo em que permanências convivem com inovações, mas não se pode desconsiderar que esse convívio vai gerando contradições, incertezas, complicações e imbricações com as quais só a ideia de complexidade nos ajuda a lidar.

Nas bases produtivas ainda se percebe a forte presença de estruturas arcaicas herdadas das primeiras fases da Revolução Industrial. Linhas de montagem, jornadas massacrantes, salários baixíssimos, bolsões de desemprego e semiescravidão convivem com estruturas desterritorializadas, nas quais a informação é a moeda e, muitas vezes, também o produto. Como tudo isso, por via de regra, é parte estrutural da organização, trata-se, então, do cenário complexo em que ela trafega.

Na nova (des)ordem mundial emerge a organização transnacional com uma abrangência estratosférica. Do ponto de vista econômico, ela interfere de maneira decisiva em negócios que antes se atinham às soberanias nacionais, realizando investimentos que podem alterar radicalmente a contabilidade de qualquer região do planeta. Também se setoriza mediante a eleição de pontos nodais que se interligam em tempo real, independentemente das distâncias que os separam. Territórios físicos e virtuais se imiscuem configurando fluxos comunicacionais (Castells, 2000). Do ponto de vista cultural promove o multiculturalismo, ao mesmo tempo em que interfere nas culturas locais, infiltrando nelas a mentalidade do produtor/consumidor, transformando-as invariavelmente em sociedades de consumo. A identidade e a ética, que outrora logravam trilhar caminhos universais, fragmentam-se em produtos cuja penetração social dependerá de como se adaptam a essa lógica mercadológica para angariar adeptos.

Contudo, não há como essas interferências não refletirem na própria organização, de forma que, entre contratos, interações, funcionários e *stakeholders*, torna-se ela própria um universo social altamente complexo. É evidente que extrair a ordem da desordem tendencial se torna assim um desafio bem maior, desafio para cujo enfrentamento a razão instrumental se mostra pouco instrumentada. No oceano de incertezas que a complexidade histórica traz, a navegabilidade obriga a reflexões e atitudes versadas na complexidade. Assim, nos vemos novamente às voltas com a fina combinação da razão com a sensibilidade.

Inconclusões

Dificilmente poder-se-ia discordar de que vivemos no mais complexo dos tempos, de forma que, embora também se trabalhe com o conceito de complexidade para estudar outros processos históricos, há uma oportunidade especial em lidar com a complexidade quando se trata de analisar fenômenos contemporâneos. A pós-modernidade é um poço de temas para as análises que contemplam o problema da complexidade.

Para as Ciências Sociais a complexidade é um prisma, pois não há análise que possa dela se isentar. Basta lembrar que a sociedade é uma imensa malha relacional envolvente e envolvida nas conexões de sentidos que se estabelecem entre os indivíduos e as instituições, ambos complexos por natureza. A complexidade de cada psique humana é ao mesmo tempo moldada e acionada por uma ordem obrigatoriamente precária que, em sua mutação constante, está sempre a impor novos desafios, seja para a análise, seja para a gestão.

Também a organização não pode se isentar de pensar a complexidade, já que ela é um refletor e um reflexo de toda essa ordem operacional em que a contemporaneidade imerge.

O papel da informação na contemporaneidade é indiscutível. As novas tecnologias proporcionaram as condições básicas para que esse papel se configurasse. A informação ganha, em nosso tempo, uma agilidade monetária, tornando-se, assim, a grande vedete do capitalismo. Como bem de pagamento ela se torna *know how* e concentra toda a disputa em nome da qual as rotinas, as técnicas e as ferramentas em uso estão sempre ameaçadas de extinção. Como bem de investimento obriga as organizações a se associarem aos bancos de dados, a fim de evitar a mais terrível ameaça à prosperidade que circula em nosso tempo, a obsolescência (Lyotard, 1989).

A ciência é diretamente atingida por esse processo, na medida em que cada vez mais se dedica a produzir informações com vistas a otimizar performances e não, como antes, a produzir conhecimentos fixos, destinados à emancipação do homem. O diálogo entre os vários campos de competência do saber e do fazer deve ser incentivado para que, de um lado, se combata o desperdício de conhecimento, temerário em situações como aquela em que cada um se isola nas preocupações de seu campo, e, de outro, se busque recuperar agendas de interesses comuns, nas quais é de suma importância procurar caminhos emancipatórios para a autopoiesis humana.

A oportunidade se não única, rara, de encontrar um conceitual capaz de transitar entre as ciências e, por conseguinte, através delas, atuar no mundo, proporcionada pela ideia de complexidade, não pode ser perdida, sob pena de se confirmar a tendência de dissipação energética que a segunda lei da termodinâmica postula.

Referências bibliográficas

BAUMAN, Z. *Globalização*: consequências humanas. Rio de Janeiro: Jorge Zahar, 1999.

_____. *Vida líquida*. Rio de Janeiro: Jorge Zahar, 2007.

CASTELLS, M. A era da informação: economia, sociedade e cultura. Vol I: *Sociedade em rede*. São Paulo: Paz e Terra, 2000.

COMTE, A. *Cours de philosofie positive*. Paris: Schleicher Freres, 1908.

DARWIN, C. *A origem das espécies*. São Paulo: Hemus, 1981.

DUPUY, J. P. *Ordres et desordres*: enquête sur un nouveau paradigme. Paris: Ed. Du Seuil, 1982.

DURKHEIM, E. *Da divisão do trabalho social*. São Paulo: Martins Fontes, 1995.

LATOUR, B. *Jamais fomos modernos*. São Paulo: Ed. 34, 1994.

LEVY, P. *Inteligência coletiva*: por uma antropologia do ciberespaço. São Paulo: Loyola, 2000.

LYOTARD, J. F. *A condição pós-moderna*. Lisboa: Gradiva, 1989.

MATURANA, H. *A árvore do conhecimento*: as bases biológicas da compreensão humana. São Paulo: Palas Athena, 2001.

MATURANA, H. *Ontologia da realidade*. Belo Horizonte: Ed. UFMG, 1997.

MORIN, E. *O problema epistemológico da complexidade*. Portugal: Europa-América, s/d.

_____. *A inteligência da complexidade*. São Paulo: Peirópolis, 2000.

RORTY, R. *Filosofia e o espelho da realidade*. Rio de Janeiro: Relume-Dumará, 1994.

SIEGFRIED, T. *O bit e o pêndulo*: a nova física da informação. Rio de Janeiro: Campus, 2000.

VAZ, P. *Agentes na rede*. Disponível em: <www.eco.ufrj.br/paulovaz/textos/agente.pdf>. Acesso em: maio 2008.

WEBER, M. *A objetividade do conhecimento nas ciências sociais*. São Paulo: Ática, 2006.

WRESZINSKI, W. F. *Termodinâmica*. São Paulo: Edusp, 2003.

9

COMUNICAÇÃO ORGANIZACIONAL: UMA REFLEXÃO POSSÍVEL COM BASE NO PARADIGMA DA COMPLEXIDADE

Rudimar Baldissera

Afirmar que a sociedade se realiza de forma cada vez mais complexa significa, também, compreender que a cultura, como teia simbólica que é (re)tecida pelos sujeitos, se complexifica. Parece exigir ser pensada como teia que se transforma em/por processos de comunicação ao tempo em que transforma os sujeitos em comunicação. Nessa direção assume relevo a noção de relação, ou seja, os sentidos são construídos e disputados por sujeitos em relação de comunicação; o valor é definido pelas/nas relações. A fertilidade parece estar na compreensão de que a sociedade, como sistema vivo,[1] ao mesmo

---

[1]. De acordo com Capra (2002, p. 86), "a compreensão sistêmica da vida pode ser aplicada ao domínio social se acrescentarmos o ponto de vista do 'significado' aos três outros pontos de vista sobre a vida", ou seja, acrescentar o ponto de vista do significado aos pontos de vista da forma, da matéria, e do processo. Assim, Capra (2002, p. 87) apresenta o exemplo: "a cultura é criada e sustentada por uma rede ('forma') de comunicação ('processo') na qual se gera o 'significado'. Entre as corporificações materiais da cultura ('matéria') incluem-se artefatos e textos escritos, por meio dos quais os significados são transmitidos de geração em geração."

tempo é autônoma e dependente do entorno; sofre perturbações e autoeco-organiza-se.

Compreendendo-se as organizações como subsistemas socioculturais, pode-se afirmar que também elas são sistemas vivos ou, em uma perspectiva hologramática (princípio da complexidade), são "partes" do "todo" que é a sociedade. Caracterizam-se por serem da qualidade do relacional, do interdependente, e atualizam-se em interações/inter-relações, no acontecer.

Nessa direção, sob o "paradigma da complexidade", particularmente a partir de Edgar Morin, este texto recupera, (re)apresenta, revisa e/ou complexifica algumas das reflexões realizadas no decorrer dos últimos anos – especialmente em nossa tese de doutorado (Baldissera, 2004) – sobre a noção de comunicação organizacional e, portanto, sobre comunicação/significação, cultura, identidade e processos identificatórios, pois que o pensar a comunicação organizacional sob a complexidade exige que as noções que se apresentam basilares (como as referidas, entre outras) também sejam pensadas com base no mesmo paradigma; exige o emprego da mesma lente.

Por se tratar de várias noções, todas elas complexas, propõe-se, aqui, apresentar a compreensão que se tem delas para, então, refletir sobre a própria noção de comunicação organizacional no âmbito da complexidade. Nessa medida, este texto é estruturado/articulado a partir de três partes principais. Primeiramente, destacam-se algumas das ideias do paradigma da complexidade, particularmente o que Morin afirma serem os três princípios básicos. Trata-se de, apenas, ressaltar compreensões que se configuram em importante norte para as reflexões que seguem.[2] Na sequência, (re)apresentam-se compreensões/explicações sobre as principais noções que se consideram fundamentais para pensar a comunicação organizacional sob o prisma da complexidade. Por fim, com base nos princípios básicos do para-

---

2. Apesar de os princípios básicos da complexidade já terem sido (re)apresentados em vários outros trabalhos, por serem a lente para o pensar a comunicação organizacional sob o viés da complexidade, parece relevante que sejam recuperados, mesmo que sucintamente.

digma da complexidade e nas compreensões/explicações que se (re)apresentaram a partir dessa lente, procura-se refletir sobre a noção de comunicação organizacional em perspectiva complexa.

Sobre o paradigma da complexidade e seus princípios básicos

O conhecimento está em permanente construção/reconstrução; caracteriza-se por ser dinâmico e estar em aberto. Assim, mesmo os resultados de pesquisa não podem ser tomados como definitivos, como absolutos, como leituras completas que esgotam o real complexo. Ainda não é possível (e talvez nem venha a sê-lo) afirmar que, em algum momento, se tenha conhecido algo como realmente é de fato, até porque o universo, por ser dinâmico, se atualiza em permanentes processos de transformação. Da mesma forma, importa atentar para o fato de que a apreensão que se faz dos fenômenos é mediada pela linguagem e, portanto, não mais se trata do fenômeno em si, mas do fenômeno mediado/falado. O resultado de uma investigação é, então, uma possível compreensão do fenômeno estudado, a partir de um paradigma e de método(s) específicos que, por seu turno, tendem a ressaltar alguns dos elementos heterogêneos implicados em tal tecitura (fenômeno).

Sob o prisma do que Morin (2001) define como "paradigma da simplicidade", o pensar e o agir científico procuram ressaltar positivamente as descrições e as explicações que, de modo geral, se inclinam a, apenas, dar conta de alguns dos aspectos dos fenômenos estudados. São saberes disciplinares, muito especializados, que se revelam "aparentemente" bons, ou suficientemente eficazes, para atender às necessidades e exigências imediatas da sociedade contemporânea e/ou ao nível de desenvolvimento do conhecimento atual. O paradigma da simplicidade

> põe ordem no universo e expulsa dele a desordem. A ordem reduz-se a uma lei, a um princípio. A simplicidade vê quer o uno, quer o múltiplo, mas não pode

ver que o uno pode ser ao mesmo tempo múltiplo. O princípio da simplicidade quer separa o que está ligado (disjunção), quer unifica o que está disperso (redução) (Morin, 2001, p. 86).

Assim, o paradigma da simplicidade tende a descartar o tecido relacional "do qual" e "no qual" o sistema de conhecimento se atualiza; procura isolar, aprisionar, segmentar/compartimentar, enclausurar o conhecimento. A simplicidade objetiva explicações lógicas e disciplinares que, de alguma forma, possam revelar e ressaltar uma realidade ordenada, homogênea.

A esterilidade do paradigma da simplicidade no intuito de explicar os fenômenos complexos e, portanto, sua impotência como lente para o avanço do conhecimento, ao tempo em que a realidade sociocultural e ecossistêmica se complexifica, apresenta-se como ambiente fértil para o desenvolvimento do paradigma da complexidade. Paradigma esse que se propõe compreender e explicar os fenômenos em sua realidade complexa, atentando, entre outras coisas, para suas ações, retroações, relações, tensões, interações, (des)organizações e dispersões. Dessa maneira, procura manter presente o heterogêneo, o imprevisto, o desordenado e/ou o não lógico que se atualizar "nos" e "pelos" fenômenos/sistemas[3] em estudo. Lida com a ideia de incerteza: "é preciso aprender a navegar em um oceano de incertezas em meio a arquipélagos de certeza" (Morin, 2000a, p. 16). Então, apesar das certezas, de se ter verdades, segundo o autor, é preciso duvidar delas.[4]

---

3. Segundo Morin (1996b, p. 278), é necessário substituir a ideia de objeto de estudo pela noção de sistema, pois "todos os objetos que conhecemos são sistemas, ou seja, estão dotados de algum tipo de organização". O autor atenta para o fato de que um sistema consiste em um todo em que os diferentes elementos constituintes são articulados e encaixados pela organização, com vantagens e constrições; como organizações vivas, são autoeco-organizados.
4. Nesse sentido, pode-se pensar, também, nas ideias do falsificacionismo de Popper (ver Chalmers, 1993) e do falibilismo de Peirce (ver Almeder, 1982; Baldissera, 1998).

À primeira vista, a complexidade é um tecido (*complexus*: o que é tecido em conjunto) de constituintes heterogêneos inseparavelmente associados: coloca o paradoxo do uno e do múltiplo. Na segunda abordagem, a complexidade é efetivamente o tecido de acontecimentos, ações, interações, retroações, determinações, acasos, que constituem o nosso mundo fenomenal (Morin, 2001, p. 20).

Nesse sentido, considerando-se que o todo é uma realidade complexa – tecida em conjunto –, pode-se dizer que de alguma forma e em algum nível, tudo se liga e tem a ver com tudo de modo a formar um mesmo e inseparável tecido de constituintes heterogêneos. Então, o complexo são esses constituintes (partes), o próprio tecido (todo) e a força (diferentes níveis de tensão que se atualizam em forças de atração, aderência, sobreposição, refutação, choque, disputa, cooperação, complementaridade, acoplagem e diálogo, dentre outras) que mantêm esses constituintes em conjunto.

As partes articuladas nesse tecido (todo) podem fazer com que o todo assuma características não presentes nas partes em particular – são qualidades e propriedades que emergem no nível do todo –, mas que, no entanto, retroagem sobre as partes. Assim, o todo é "mais" e "menos" do que as partes. Mais, porque assume características que não estão presentes nas partes isoladas, e menos, porque há qualidades e propriedades presentes nas partes que não se manifestam no todo.

Vale ressaltar que o pensamento complexo não se propõe, apenas, apontar para a quantidade de unidades e interações que se atualizam em um determinado sistema e, sim, também compreender/explicar as incertezas, as indeterminações e a presença dos fenômenos aleatórios em tal sistema. Entretanto, isso não significa que a complexidade reduz tudo à incerteza, mas que ela atenta para a incerteza no interior dos sistemas ricamente organizados; trata-se de uma certa mistura de ordem e desordem. Nessa medida, Morin (1999, p. 222) apresenta tensionados, de modo permanente e complementar, "processos virtualmente antagônicos que tenderiam a se excluir. Assim, todo o pensamento deve [...] duvidar e crer; deve recusar e combater a contradição, mas ao mesmo tempo assumi-la e alimentar-se dela." O conhecimento complexo procura interpretar a realidade em seu contexto de tradição-evolução, procurando compreender as teias que formam relações/interações/reações.

Dito isso, importa apresentar, sucintamente, o que Morin (2000b, p. 201) considera serem os três princípios básicos da complexidade:[5] o "dialógico", o "recursivo" e o "hologramático". O princípio dialógico funda-se "na associação complexa (complementar, concorrente e antagônica) de instâncias necessárias 'junto' à existência, ao funcionamento e ao desenvolvimento de um fenômeno organizado" (grifo do autor). Sob o prisma do dialógico, é possível "manter a dualidade no seio da unidade" (Morin, 2001, p. 107), de modo que noções "inimigas" como ordem e desordem (dualidade) possam, em certos casos, também produzir organização (unidade), ou seja, em vez de a ordem suprimir a desordem ou vice-versa, trata-se de pensar que essas noções, articuladas de maneira tensa, possam, em certos casos, colaborar entre si para produzir organização (a unidade organização mantém em seu seio a tensão ordem-desordem). Para além do lugar da justaposição, pelo dialógico procura-se compreender/explicar a complexa lógica que associa/une termos do tipo organização/desorganização, ordem/desordem, *sapiens/demens* como noções, ao mesmo tempo antagônicas e complementares, que se atualizam nos processos organizadores dos sistemas complexos.

O princípio recursivo (ou recursão organizacional) atualiza a ideia de que o efeito é ao mesmo tempo causador do que o causa, isto é, "todo momento é, ao mesmo tempo, produto e produtor que causa e que é causado, e em que o produto é produtor do que o produz, o efeito causador do que o causa" (Morin, 2000a, p. 201). Sob o prisma da recursividade, a sociedade constrói os sujeitos que a constroem. Na mesma direção, os sujeitos tecem a cultura que os

---

5. Vale observar que Morin (2000b, p. 330) chama de "paradigma da complexidade ao conjunto de princípios de inteligibilidade que, ligados uns aos outros, poderia determinar as condições de uma visão complexa do universo (físico, biológico, antropossocial)".

constrói, até porque, à luz da complexidade e na perspectiva das teorizações de Morin, compreende-se que o sujeito

> é construtor e construção, tece e é tecido nos processos histórico-socioculturais, objetiva-se pela consciência de si mesmo, cria, mas também sofre sujeição, experimenta a incerteza, é egocêntrico e tem autonomia-dependência, sofre constrições e contingências, e autoeco/exo-organiza-se (Baldissera, 2004, p. 86/7).

O sujeito é uma força (parte) em relação à sociedade/cultura (todo), sendo que ao tecer a cultura/sociedade o sujeito prende-se a ela. Nesse sentido, o sujeito não apenas é resultado da cultura/sociedade, mas, em algum nível, a influencia (re)construindo-a/transformando-a.

Nessa mesma direção, e com base nos princípios dialógico e recursivo, em relação à linguagem – como sistema simbólico –, pode-se dizer que, se, por um lado, o sentido é um sentido social (perspectiva de Bakhtin, 1999), por outro, esse sentido social é permanentemente disputado/(re)construído em interações de sujeitos (indivíduos) que interpretam os sentidos sociais. Com base nessas individuações e na articulação desses sentidos a seus próprios repertórios, suas competências e seu imaginário, eles voltam a ser expressos por esses sujeitos de modo a, em algum nível, agir sobre os sentidos sociais. Sob esse prisma, refutando-se a ideia do sempre predeterminado, dificilmente os sentidos sociais podem se manter isentos da ação dos sentidos individuais. É provável que ocorra a mácula, isto é, em algum grau os sentidos sociais são influenciados pelo particular, pelo individual.

O terceiro princípio básico da complexidade é o princípio hologramático. Segundo Morin (2002a, p. 121), o hologramático ultrapassa as ideias do holismo que tem seu foco único no todo e, também, do reducionismo que foca somente as partes, à medida que compreende que "a parte não somente está no todo; o próprio todo está, de certa maneira, presente na parte que se encontra nele", sendo que a parte é "mais ou menos apta para regenerar o todo" (Morin, 1996, p. 98). Ainda de acordo com o autor, como se destacou, parte e todo são, ao mesmo tempo, mais e menos, isto é, há características das partes que não se manifestam no todo e outras propriedades que emergem no todo e não estão presentes nas partes.

A esse ponto, importa dizer que é com esses princípios de inteligibilidade[6] que se procura pensar a noção de comunicação organizacional. Vale destacar a afirmação de Morin (2002a, p. 339) de que a teoria não é nada sem o método e que este é a "atividade pensante e consciente do sujeito"; o método é "de 'pilotagem', de articulação. A maneira de pensar complexa prolonga-se em maneira de agir complexa." Assim, o viés da complexidade exige que o pesquisador empregue seus princípios como lentes para compreender/explicar a realidade complexa; para trilhar o caminho, no sentido de como caminhar, proceder, pensar e conhecer.

Desse modo, o propósito de pensar a comunicação organizacional sob o paradigma da complexidade exige que, antes, se destaque apresente e/ou disserte sobre algumas das noções que lhe são basilares. Trata-se de apresentar, mesmo que rapidamente,[7] a compreensão que se tem sobre a ideia de sujeito, identidade e processos identificatórios, cultura, comunicação e significação.

Sobre a noção de sujeito

Conforme se destacou, distanciando-se da ideia de sujeito assujeitado – subjugado ao entorno –, aqui o sujeito é pensado como força em tensão de diálogo e, portanto, também como propositor e criador do mundo. Deslocado de um lugar de passividade, afirma-se que, recursivamente, é construtor da teia social que o constrói. Como

---

6. Morin destaca outros princípios de inteligibilidade que, no entanto, não serão apresentados aqui por se compreender que os três princípios básicos – o dialógico, o recursivo e o hologramático – são suficientes para os propósitos deste texto.
7. Um estudo mais aprofundado dessas noções, bem como a compreensão/explicação que se assume delas está em Baldissera (2004).

sistema vivo,[8] o sujeito autoeco-organiza-se, isto é, a um só tempo, é autônomo (por exemplo, seu comportamento é estabelecido pelo seu próprio sistema) e dependente do seu ambiente (necessita de energia, matéria). Então, apesar de os sistemas vivos serem dependentes do ambiente, não são determinados por ele, pois são dotados de capacidade de auto-organização. De acordo com Capra (2002), por mais que um sistema vivo interaja permanentemente com o ambiente, esse não determina sua organização, pois que é uma rede autogeradora. O ambiente pode perturbar o sistema vivo, mas não determiná-lo.

O sujeito de que se fala tece os processos socioculturais e é tecido por eles e neles. Ao tempo em que a (re)cria, em algum nível, sujeita-se à sociedade/cultura (sofre perturbação). Como parte do todo sociocultural, pode-se pensar que o sujeito, longe do equilíbrio, dialógica-recursivamente experimenta constantes processos desorganizadores, (re)organizadores. Observe-se que, de acordo com Morin (2001, p. 71), "a noção de sujeito só toma sentido em um ecossistema (natural, social, familiar etc.) e deve ser integrada em um metassistema". O autor ainda afirma que "ser sujeito não quer dizer ser consciente; [...] é colocar-se no centro do seu próprio mundo, é ocupar o lugar do 'eu'. [...] cada um só pode dizer 'eu' por si próprio" (Morin, 2001, p. 95).

Essa compreensão presentifica a ideia de permanente tensão dialógica-dialética-recursiva entre sujeitos (relações de sociabilidade) e entre os sujeitos e seus contextos ecossistêmicos. Entretanto, não se

---

8. De acordo com Capra (2002, p. 84), ao estudar os "sistemas vivos a partir do ponto de vista da forma, constatamos que o padrão de organização é o de uma rede autogeradora. Sob o ponto de vista da matéria, a estrutura material de um sistema vivo é uma estrutura dissipativa, ou seja, um sistema aberto que se conserva distante do equilíbrio. Por fim, sob o ponto de vista do processo, os sistemas vivos são sistemas cognitivos no qual [sic] o processo de cognição está intimamente ligado ao padrão de autopoiese". Ainda segundo o autor, "a dinâmica da autogeração foi identificada como uma das características fundamentais da vida pelos biólogos Humberto Maturana e Francisco Varela, que lhe deram o nome de 'autopoiese' (literalmente, 'autogeração'). [...] A definição de um sistema vivo como rede autopoiética significa que o fenômeno da vida tem de ser compreendido como uma propriedade do sistema como um todo" (Capra, 2002, p. 27).

trata de sobreposições/sobredeterminações de forças, mas de forças em relação. É na relação, no acontecer, que as forças se atualizam definindo o lugar de cada sujeito em relação. Caso se pense na comunicação, em particular, é na materialização do processo comunicacional que as forças se realizam e os sentidos são disputados. Não se trata de pressupostos (do já feito, definido, dado); é no acontecer que as diferentes estratégias podem materializar-se. Em diálogo (Bakhtin, 1999), as relações de poder (Foucault, 1996) atualizam-se no acontecer.

Trata-se de compreender a ideia de sujeito como força em relação com sua alteridade, seja ela uma cultura, uma organização e/ou outros sujeitos. Nessas relações, o sujeito é perturbado pela alteridade e, por ser cognitivo, auto-organiza-se como sistema consciente.[9] Assim, não apenas é perturbado pela alteridade, como também a perturba. Se, por um lado, sofre constrições e contingências da cultura que lhe informa como ser, agir, portar-se no âmbito da própria organização cultural, bem como diante de outras organizações culturais, por outro lado, também a perturba gerando algum tipo e nível de desordem que exige da cultura permanentes processos de autor(re)organização em virtude do constante (re)tecer a teia simbólica realizado pelos vários sujeitos socioculturalmente articulados. Em algum grau, sujeitos e cultura, a cada instante, serão diferentes, por mais que se "pensem"/reconheçam como iguais/permanentes.

---

9. Capra ressalta dois importantes pontos sobre consciência: 1) "é um processo cognitivo que surge de uma atividade neural complexa" (Capra, 2002, p. 54); 2) pode ser distinta em dois diferentes níveis de complexidade neurológica: a) "consciência primária" – que "surge quando os processos cognitivos passam a ser acompanhados por uma experiência básica de percepção, sensação e emoção"; b) "consciência de ordem superior" – que "envolve autoconsciência – uma noção de si mesmo, formulada por um sujeito que pensa e reflete" (Capra, 2002, p. 55). É a "consciência reflexiva". De acordo com ele, "a consciência reflexiva envolve um alto grau de abstração cognitiva. Ela inclui, entre outras coisas, a capacidade de formar e reter imagens mentais, que nos permite elaborar valores, crenças, objetivos e estratégias." Afirma, ainda, que, "com a evolução da linguagem, surgiu não só o mundo interior dos conceitos e das ideias como também o mundo social da cultura e dos relacionamentos organizados". Essas afirmações ressaltam a importância da linguagem e, portanto, da comunicação, no (re)tecer a cultura.

Por fim, pode-se dizer que o sujeito integra (é) o tecido sociocultural, (re)age sobre ele, com ele e dele, regenerando-o e regenerando-se; cria, usurpa, resiste, desorganiza e inova; experimenta a incerteza.

Identidade e/ou processos identificatórios

Ao refletir sobre a noção de identidade, Hall (2000) e Maffesoli (1996) dão relevo à ideia das identificações. Nesse sentido, Hall (2000), discorrendo sobre a noção de sujeito em diferentes contextos sócio-históricos, destaca três distintas concepções: o sujeito do iluminismo, o sujeito sociológico e o sujeito pós-moderno. Afirma que, presentemente, "o sujeito, previamente vivido como tendo uma identidade unificada e estável, está se tornando fragmentado; composto não de uma única, mas de várias identidades, algumas vezes contraditórias ou não resolvidas" (Hall, 2000, p. 12). Essa afirmação exige uma ruptura fundamental com o que se acreditava ser uma identidade coesa, única, inalterável; exige o rompimento com a ideia de identidade essencial.

Esse sujeito que constrói uma história coesa de si mesmo, como representação, que experimenta a ideia de ser único, linear e coerente, tende a realizar-se como fragmentado, multifacetado. Nesse sentido, Maffesoli (1986, p. 302) reconhece a ocorrência de "um deslize progressivo da identidade em direção à identificação". Ao opor a ideia de identidade (indivíduo) à de identificações (pessoa), Maffesoli (1986, p. 309) propõe a compreensão de que existe uma dupla natureza da "individualidade de base" e que pode exprimir-se "pela forma do 'indivíduo' que tem uma identidade forte e particularizada, ou perder-se em um processo de pertencer a um conjunto mais vasto. Essa segunda modulação, produzindo, então, a pessoa (*persona*), procedendo por identificações sucessivas." O ambiente eco-sócio-histórico-cultural e estrutural influencia e potencializa a manifestação de uma ou outra "individualidade de base". Nessa direção, quer parecer que os processos comunicacionais, pelas suas especificidades, são o lugar privilegiado para a manifestação da pessoa (*persona*).

Como se disse, também Hall (2000) dá relevo à ideia das identificações e afirma que, melhor do que se falar em identidade, seria falar em processos identificatórios. O autor ressalta que a sensação experimentada pelos indivíduos de que possuem uma identidade unificada, desde o nascimento até a morte, deve-se ao fato de elaborarem histórias cômodas e coesas sobre si mesmos. Dessa forma, tendem a suturar as descontinuidades, as rupturas, os fragmentos e a produzir algo como uma grande e coerente narrativa sobre "si". Então, esse sujeito fragmentado pode experimentar diversidade de processos identificatórios, pois que, em diferentes ambientes e momentos, pode identificar-se com diferentes sujeitos, processos, objetos e/ou instituições. Nas palavras de Hall (2000, p. 13), à medida que "os sistemas de significação e representação cultural se multiplicam, somos confrontados por uma multiplicidade desconcertante e cambiante de identidades possíveis, com cada uma das quais poderíamos nos identificar – ao menos temporariamente."

Tem-se, então, que: a) os processos identificatórios são a expressão das várias possibilidades identificatórias do sujeito; b) a multiplicidade de identificações do "eu" atualiza pluralidade de lógicas, multidirecionais e com diferentes qualidades; c) de alguma forma, essas múltiplas identificações possíveis estão tensionadas/inter-relacionadas de modo a *retro*agirem umas sobre as outras, perturbando-se/desorganizando-se/reorganizando-se. Na perspectiva do hologramático, pode-se dizer que a identidade, como todo, compreende todas essas possibilidades de identificação e é provável que assuma algumas qualidades distintas das que se atualizam em cada processo identificatório e, por outro lado, também em cada identificação (parte) é provável que se realizem características não presentes no todo.

Com base nessas reflexões parece fértil pensar a noção de identidade "como *complexus* de identificações, isto é, a identidade é a tessitura e a força que amalgama as várias identificações possíveis de um indivíduo-sujeito – portanto, também de uma organização, cultura e sociedade" (Baldissera, 2004, p. 105). Como tessitura (todo), a identidade consiste no resultado provisório – ideia do (re)tecer – das diferentes articulações das várias possibilidades identificatórias tramadas que, por sua vez, surgem/atualizam-se das/nas relações que o sujeito cognitivo (suas competências fisiológicas e psíquicas) realiza no ambiente ecossistêmico[10] (evolução humana/história, aquisição/ desenvolvimento de linguagem, cultura, sociedade). Como força, a identidade compreende potências que, ao mesmo tempo, agem no sentido de: a) amalgamar e manter coesas as diversas possibilidades identificatórias de um sujeito – algo como uma força concêntrica; e b) liberar a realização de identificação específica ou, se a identificação não for possível, abortar o processo identificatório e provavelmente gerar indiferença, antipatia, repulsa e/ou resistência, entre outras. Trata-se de forças de abertura e fechamento.

Pode-se pensar, aqui, nas "consistências identificatórias". Consistência como

> a tessitura resultante de associações, resistências, sobreposições, misturas, imbricamentos e outras inter-relações/interações que se realizam, consciente e/ou inconscientemente, no/pelo sujeito imerso no seu ambiente, ou seja, por um ser humano histórico-eco-psico-fisio-culturalmente articulado em uma estrutura específica (Baldissera, 2004, p. 99).

Nesse sentido, a tricotomia "possibilidade", "temporalidade" (com orientações ao momentâneo, ao temporário e ao permanente) e "intensidade" (podendo ser alta, média ou baixa intensidade) das identificações[11] está diretamente tensionada às consistências identificatórias de cada sujeito-identitário. Além disso, é provável que, quando da

---

10. De acordo com Capra (2002, p. 85), "a compreensão da consciência reflexiva está inextricavelmente ligada à da linguagem e à do contexto social desta. Mas essa ideia também pode ser considerada sob o ponto de vista inverso: a compreensão da realidade social está inextricavelmente ligada à da consciência reflexiva."
11. Sobre isso ver Baldissera (2004, p. 82-121; e 2006).

sua ocorrência, as identificações atualizem diferentes combinações de temporalidades e intensidades, pois são interdependentes das entidades inter-relacionadas e das particularidades contextuais. Novamente, se evidencia a centralidade da ideia de relação.

Por fim, ainda uma ideia baseada em Landowski (2002), que afirma que a alteridade, de alguma forma e em algum nível, se faz presente na identidade. Isso corrobora o que se disse sobre os processos identificatórios, caso se pense que a materialização da identificação exige que, em algum grau, algo da identidade se identifique com sua alteridade (seja esse algo, um valor, um comportamento, uma ideia, uma preferência etc.). Então, identidade não é apenas diferença, exclusão, mas também abertura, complementaridade, desorganização/(re)organização.

Considerações sobre a noção de cultura

Diante da multiplicidade de usos do termo cultura, importa dizer o lugar de fala, ou seja, apresentar a compreensão/explicação de cultura que se adota neste trabalho. Dentre outras coisas, por atentar particularmente para as questões do simbólico e tornar presente a ação dos sujeitos, parte-se da noção de cultura desenvolvida por Geertz (1998, p. 15), que afirma: "acreditando, como Max Weber, que o homem é um animal amarrado em teias de significados que ele mesmo teceu, assumo a cultura como sendo essas teias." Portanto, o estudo da cultura necessita ser interpretativo "à procura do significado" (1989, p. 15), e não experimental à procura de leis. O autor considera que a investigação da cultura tem como foco desvelar os padrões de significação e explicar, de maneira interpretativa, a significação que é incorporada às formas simbólicas.

Articulando-se essa compreensão aos princípios da complexidade, tem-se que a cultura é (re)tecida pelos sujeitos (autoeco-organizados) que, ao tecerem, se prendem a ela e são (re)tecidos por ela. Os sujeitos não apenas reproduzem os padrões culturais existentes (a rede simbólica), mas também agem sobre eles de modo a perturbá-los/transformá-los, em algum nível. Vale destacar que, a partir da ideia de a sociedade ser um sistema vivo, segundo Capra (2002, p. 87), a cultura seria

> criada e sustentada por uma rede (*forma*) de comunicações (*processo*) na qual se gera o *significado*. Entre as corporificações materiais da cultura (*matéria*) incluem-se artefatos e textos escritos, por meio dos quais os significados são transmitidos de geração em geração.

A cultura pressupõe, então, sujeitos em relação/interação. São sujeitos que ao (re)tecerem a rede simbólica se relacionam/interagem suas alteridades e com elas disputam e constroem sentido. Essa perspectiva torna presente a ideia das relações de força – das relações de poder (conforme Foucault, 1996) –, bem como a ideia da existência de uma forma (teia/rede) que se caracteriza por não ser definitiva. A forma da cultura (rede) é da qualidade do maleável; por mais que alguns dos fios da trama possam estar quase cristalizados e, portanto, assumidos pelo grupo como "verdades inquestionáveis", não se pode pensá-los como prontos/absolutos.

A rede simbólica não é definitiva; são os sujeitos tensionados à rede simbólica – na qual se prendem – que constroem suas representações de mundo. Tais representações, por serem construídas pelos diferentes grupos socioculturais (de acordo com Geertz – 1989, p. 22 –, "a cultura é pública porque o significado o é") podem ser diferentes, ter significação diversa. Os significados, assim como a cultura, caracterizam-se por serem construídos por sujeitos em interação que criam organizações com sentidos específicos, qualidades particulares (linguagem e a própria cultura). Segundo Morin (1996a, p. 48), "essas mesmas qualidades retroatuam sobre os indivíduos desde que vêm ao mundo, dando-lhes linguagem, cultura etc." O autor observa, também, que "o *imprinting*[12] cultural inscreve-se

---

12. "O *imprinting* é um termo que Konrad Lourentz propôs para dar conta da marca incontornável imposta pelas primeiras experiências do jovem animal, como o passarinho que, ao sair do ovo, segue como se fosse sua mãe, o primeiro ser vivo ao seu alcance" (Morin, 2002, p. 29).

cerebralmente desde a mais tenra infância pela estabilização seletiva das sinapses, inscrições iniciais que marcarão irreversivelmente o espírito individual no seu modo de conhecer e agir" (Morin, 2002a, p. 30). Evidencia-se, novamente, a tensão entre a cultura que se impõe (algo como uma força coercitiva que normaliza/normatiza o conhecer, o ser/agir e o conceber) e o sujeito cognitivo que, como se disse, é autônomo e determinado.

Na mesma direção, em perspectiva hologramática, pode-se afirmar a não ocorrência da completa sobreposição entre a rede simbólica do grupo (cultura) e a rede simbólica do sujeito – os sujeitos não são apenas resultado (dinâmico) da cultura em que se inserem; é provável que sobre e falte algo. Isso permite pensar que, apesar das possíveis perturbações ecossistêmicas (psíquicas, sociais, culturais, contextuais, históricas, ecológicas, fisiológicas) que constrangem/restringem o sujeito, existem fissuras; lugares para a criação, o inaugural, a resistência, o rompimento, dentre outros processos que, de alguma maneira, atualizam a tensão entre a cultura e o sujeito, sob a forma de questionamento, expropriação, proposição, inovação e, até, corrosão da ordem posta.

Então, pode-se dizer que a tendência da cultura à estabilidade e sua aparente constante organização como totalidade (uno) guarda no seu seio as tensões (dual) ordem/desordem, organização/desorganização, permanência/mudança, reprodução/inovação, dentre outras. Essas tensões, ao mesmo tempo perturbam o sistema organizado cultura e apresentam-se como "combustível" regenerador que impede sua estagnação. Nessas tensões também se atualizam os processos multidirecionais de atribuição e/ou destituição de sentidos, ou seja, como determinadas coisas/processos/ideias assumem sentido para uma dada cultura, outras coisas/processos/ideias perdem sentido e tendem a ser postas em suspenso ou, mesmo, a ser eliminadas do sistema simbólico de tal grupo social. Essas parecem ser algumas das dinâmicas que se materializam no (re)tecer a teia de significados – cultura.

Comunicação e significação

A noção de comunicação é entendida como "processo de construção e disputa de sentidos"[13] (Baldissera, 2004, p. 128). Essa compreensão dá relevo à ideia de que, dentre outras coisas, a significação que os sujeitos percebem/atribuem a algo, alguma coisa e/ou alguém, é permanentemente (re)construída, ou seja, pressupõe que os signos não são entidades cristalizadas. Umberto Eco (1991, p. 39-40) afirma que "'um signo não é uma entidade física' [...]" e também "'não é uma entidade semiótica fixa'". O autor pondera que, no máximo, a expressão, como ocorrência concreta, é uma entidade física e que, portanto, antes de ser uma entidade semiótica fixa, o signo é o lugar de encontro de elementos independentes que, oriundos de diferentes sistemas, são correlacionados e codificados.

A significação pode assumir novos contornos a cada novo experimentar, isto é, toda vez que uma mente entra em relação com 'algo/alguém/alguma coisa' pode 'reconhecer nesse'/'associar a esse' 'algo/alguém/alguma coisa' novos sentidos,[14] podendo, até, eliminar outros sentidos e/ou colocá-los em suspenso. Nessa medida, uma mesma ocorrência concreta (expressão) pode assumir significação diversa em diferentes momentos, bem como significação semelhante pode ser reconhecida/associada a diferentes ocorrências concretas.

Trata-se da permanente (re)construção da significação que tem os processos comunicacionais como seu lugar privilegiado, isto é, ao entrar em comunicação, em relação dialógico-recursiva, os sujeitos (re)tecem a significação, transformando-a permanentemente e, com isso, também (re)constroem a rede de significados, ou seja, a cultura, prendendo-se a ela. Vale observar que não se trata de

---
13. Compreensão apresentada em Baldissera (2000, com aprofundamento em 2004).
14. De acordo com Ruiz, é mediante a construção de sentidos que o ser humano conhece o mundo, ou seja, ele recria as coisas "[...] por meio do sentido, transformando-as de elementos insignificantes em objetos carregados de significação cultural. O mundo do ser humano é sempre um sentido de mundo" (2003, p. 59).

permanentes mudanças drásticas, mas de enfatizar o fato de que a significação, em algum nível, é permanentemente alterada pelos sujeitos em relação de comunicação.

Outro aspecto a destacar, sob o prisma de a comunicação ser "processo de construção e disputa de sentidos", é a ideia da disputa. Parte-se, aqui, do princípio de que comunicação é relação – requer ligações/encontros/tensões entre, pelo menos, dois: relação "eu"-"outro"– e, de acordo com Foucault (1996), toda relação é relação de forças. Assumindo-se que relações de força implicam algum tipo/grau de disputa, pode-se pensar que, em virtude de a comunicação exigir relação, ela se qualifica/caracteriza por ser um processo de disputa. Com base na afirmação de que os sentidos têm na comunicação seu lugar privilegiado de permanente (re)reconstrução, afirma-se que a disputa que ocorre nos processos comunicacionais é a disputa de sentidos.

Às vezes essa disputa é verbalizada, como, por exemplo, quando se diz: "o que eu quis dizer com isso é"; "o que eu disse foi isso e não"; "vou tentar esclarecer"; "ou seja"; "não foi isso que eu disse"; e "isto é", dentre outras afirmações. Porém, essa disputa, muitas vezes, ocorre de modo silencioso, na mente. Exemplo disso são os processos experimentados quando da leitura de algo, como, por exemplo, este texto. Ao ler este texto, você o está articulando ao seu próprio repertório (conhecimento, experiências, domínios). Nessa articulação atualiza-se a disputa dos sentidos do que se diz aqui. Daí que, dentre outras possibilidades, o que se diz pode ser considerado sem importância e, portanto, ser eliminado, ou fazer algum sentido e ser posto em suspenso para uma reflexão posterior, ou, ainda, fazer muito sentido e ser absorvido. De qualquer forma, a disputa está presente.

Assim, a comunicação desafia/exige ser vista como "fragmentada, negociada, jogada, articulada entre partes que ora se opõem, ora se complementam" (Maffesoli, 2003, p. 20). Também importa destacar, a partir das teorizações de Bakhtin (1999) sobre a noção de diálogo, que as relações dialógicas não são de sobreposição/sobredeterminação de forças; são forças em relação. Da mesma forma, o autor afirma que o sentido é social; torna presentes as muitas vozes da coletividade, por mais que, na perspectiva da complexidade, também o sujeito/indivíduo esteja presente na construção desse sentido.

Então, a comunicação torna presentes os sujeitos (identidade-alteridade; eu-outro) em relações dialógico-recursivas e hologramáticas e, em diferentes graus, os tensiona. Os sujeitos participantes do processo comunicacional, como forças em relação, propõem, disputam e internalizam sentidos; como forças ativas, reativas, organizadoras, desorganizadoras, complementares e/ou antagônicas, tensionam-se e exercem-se para direcionar a significação que objetivam (consciente ou inconscientemente) ver internalizada pela outra força relacionada – sua alteridade.

Sob esse prisma, a comunicação atualiza-se como lugar e fluxo privilegiados para o inter-relacionamento dos diferentes sistemas/subsistemas (social, cultural, humano, organizacional, ecológico, econômico etc.) e constitui-se em possibilidade para que, hologramática, dialógica e recursivamente, tais sistemas/subsistemas se perturbem, (des)organizem/reorganizem, resistam/se transformem, se reproduzam/inovem e/ou se expurguem/apropriem ressignifiquem mediante manifestações de cooperação, resistência, flerte, aglutinação, sobreposição, expropriação, exploração, associação, complementaridade e disputa, dentre outras.

Comunicação organizacional: um olhar com base na complexidade

Após discorrer sobre algumas das noções consideradas fundamentais para se pensar a comunicação organizacional, importa, ainda, destacar, rapidamente, dois aspectos: o fato de a comunicação organizacional ser, antes de tudo, comunicação; e o fato de tanto a noção de comunicação quanto a de organização terem a ideia de "relação" como basilar.

Assumir que a comunicação organizacional é uma subárea – subsistema – da comunicação, significa compreender que se trata de pensar a comunicação de um âmbito delimitado (o que não significa um recorte geográfico, fixo), que é o das relações organizacionais. Nesse sentido, as teorizações sobre comunicação têm valor para as reflexões sobre comunicação organizacional, por mais que, muitas vezes, seja necessária alguma adequação/recorte para dar conta das especificidades.

A segunda questão é a de que a ideia de relação é um pressuposto tanto para a noção de comunicação quanto para a de organização. Importa, aqui, apenas apresentar a questão sob a perspectiva da organização, pois que já se fez isso para a da comunicação.

A organização é entendida como a combinação de esforços individuais para a realização de (em torno de) objetivos comuns. Não se reduz à estrutura física (algumas até dispensam essa estrutura), aos equipamentos, aos recursos financeiros, a pessoas, mas, sim, "realiza-se em relações"; pessoas em relação que trabalham para atingir objetivos específicos, claros, bem definidos, portanto, objetivos comunicados e convencionados. Evidencia-se o caráter fundante da comunicação para as organizações.

De acordo com Garrido (2003, p. 18),

> la columna vertebral y las acciones resultantes del hecho de 'organizarse' es la interacción misma entre las partes involucradas, es decir la comunicación, ya que al margen de ella no sería posible la agrupación, cohesión y comunión de objetivos (centro de la búsqueda de interacción entre las partes). Es por ello que el concepto de 'organización' puede ser definido desde distintos prismas y ser empleado en diversas aplicaciones [...]; a pesar de ello, su naturaleza no puede ser explicada integralmente al margen de la comunicación.

Garrido dá relevo à centralidade que a comunicação assume para o ser/fazer das organizações, podendo-se dizer que se constitui na possibilidade de sua existência. É "na" e "através da" comunicação que se materializam seus processos organizadores, tornando a organização comunicante, comunicada e fazendo com que seja (re)conhecida. Da mesma forma, permite auscultar o entorno e as diferentes vozes que falam à/da organização. A comunicação é o lugar de sujeitos em relação que (re)tecem o ser organizacional, muitas vezes, independentemente da vontade e dos objetivos da própria organização. Ela possibilita que a organização se configure e relacione; estabeleça seus contornos.

Dito isso e com base no que se afirmou até esse ponto, salienta-se que a comunicação organizacional, a partir da compreensão que se tem de comunicação, é o processo de construção e disputa de sentidos no âmbito das relações organizacionais. Dizer que se trata da comunicação que se realiza no "âmbito das relações organizacionais" consiste em reconhecer que o lugar dessa comunicação não se reduz a espaços físicos bem delimitados, hierarquias estabelecidas, desejos de imagem-conceito, campanhas bem elaboradas, tampouco obedece decisões de gerentes/diretores; trata-se de fluxos de sentidos, multidirecionais, dispersivos/organizados/organizadores, realizados em relações formais/oficiais e/ou informais/não oficiais. A comunicação organizacional assume, pois, diversas qualidades de conteúdo e forma, com base nas condições e contextos de produção, realização e interlocução. Fluxo de sentidos em disputa e (re)construção, em boa parte, a comunicação somente se dá a conhecer no acontecer.

Portanto, a comunicação organizacional não obedece a simplificações (por mais que seus gestores desejem isso), não permite ser fragmentada, dilacerada; não se restringe ao planejado, ao legitimado pela organização, às ações de relações públicas, publicidade, propaganda e assessoria de imprensa; tampouco – e muito menos – limita-se ao desejo de poder da comunicação de *marketing*. Apesar de a comunicação organizacional também ser isso, diminuí-la a esses fazeres – compreendê-la como somente isso – significa apenas atender aos desejos de planejar, gerir, organizar, controlar, prever, ou seja, abreviá-la ao visível, ao tangenciável, ao possível de captar. Mesmo que, na cotidianidade, simplificações sejam necessárias para que se possam desenvolver processos planejados de comunicação, o problema está em se acreditar que

173

a comunicação se reduza a essas simplificações; que ela seja da qualidade das certezas, do condicionado, do controlável. Ao tempo em que essa compreensão se apresenta estreita frente o que é a comunicação organizacional, também se constitui em estéril por eliminar de seu seio organizado a incerteza, a tensão, a desorganização, a resistência, o informal, o espontâneo e, portanto, a possibilidade de (re)organização, criação, inovação.

Na perspectiva de sua complexidade, a comunicação organizacional não se qualifica como simples estratégia de controle e/ou sistema de transferência de informações. Ela abarca todo fluxo de sentidos em circulação que, de alguma forma, disser respeito à organização. A essa luz, se é verdadeiro afirmar que determinada campanha institucional é comunicação, assim como o é a circulação de informações entre o gerente de compras e o chefe do almoxarifado, também será verdadeira a afirmação de que a conversa que os funcionários da organização têm sobre ela quando estiverem, no domingo à tarde, jogando uma partida de futebol. Em sentido complexo, o diálogo que esses funcionários materializam sobre a organização, holográmatica, dialógica e recursivamente, insere-se no âmbito das relações organizacionais, sendo, portanto, comunicação organizacional. Então, a comunicação organizacional compreende quaisquer fluxos de sentidos (em disputa/construção) que se atualizarem nos diferentes contextos, desde que, de alguma forma e em algum grau, possam ser qualificados como do "âmbito das relações organizacionais."

Nessa direção, importa destacar que, independentemente de a organização ter a intenção de dizer "algo", caso sua alteridade (diferentes sujeitos) assim o perceba, isto é, considere esse "algo" comunicação, na perspectiva do afirmado por Eco (1997), esse "algo" será entendido como comunicação. O que vale é a interpretação realizada pelo interlocutor, no caso sujeito(s) que consiste(m) na alteridade da organização. Watzlawick (1993) também atenta para a complexidade dos processos comunicacionais quando afirma que, em presença, "é impossível não comunicar". Novamente, parece evidenciar-se que a comunicação ultrapassa a ideia do planejado, organizado; a possível aparente ordem da comunicação organizacional guarda em si a tensão ordem/desordem, estabilidade/instabilidade, (des)organização/dispersão/reorganização de sentidos. Novamente, assume relevo a incerteza.

Com base no que se disse sobre complexidade e as noções de identidade, processos identificatórios, cultura, comunicação e significação, dentre outras, pode-se pensar que a comunicação organizacional, como subsistema comunicacional e, portanto, sociocultural, autoeco-exo-organiza-se tensionando vários sistemas (cultura, imaginário, sociedade, economia etc.), subsistemas (cultura organizacional, organização, gestão etc.), microssistemas oficiais (assessoria de imprensa, propaganda e publicidade, relações públicas, comunicação administrativa e contábil etc.) e não oficiais (comunidades virtuais sobre a organização, informalidades em diferentes ambientes, como refeitórios, eventos e outras formas de encontro, boatos, fofocas, *blogs*, especulações etc.). Atente-se que particularmente nos subsistemas e nos microssistemas circula capital simbólico da organização, a partir de suas gramáticas específicas.

Então, entre a oferta de sentidos planejados pela organização e a sua internalização pelos interlocutores – diferentes sujeitos que constituem a alteridade quando das relações – há a arena das disputas. Nesse lugar dinâmico, atualizam-se estratégias, saberes prévios, desejos, expectativas, competências e habilidades diversas, não apenas para dizer, mas também para desconstruir as estratégias cognitivas da outra força em relação e (re)apresentar efeitos de sentidos para levar o interlocutor a internalizá-los da forma desejada, mesmo que nem tudo seja da qualidade do consciente para todas as forças em relação. É o lugar da realização das competências e habilidades para selecionar, construir, propor/circular, disputar, interpretar e apropriar-se dos sentidos. É o lugar da oferta, das estratégias propositivas, da relação de forças dialógico-recursivas.

Assumir a alteridade como agente desorganizador/(re)organizador da comunicação organizacional e, portanto, da própria organização, significa, primeiro, respeitá-la em sua complexidade (como sujeitos diversos – diversidade) e, por outro lado, criar/reforçar/(re)afirmar espaços para que tal diversidade se manifeste seja pela crítica, pela resistência, pela colaboração, pelo comprometimento, pela rejeição, que, de modo geral, são relações que catalisam a criatividade[15] à medida que, em seu (re)tecer geram e regeneram a própria organização. O conflito desliza do seu lugar de negativo e tende a assumir o sentido de ser desencadeador de reflexão e inovação, desde que admita o diálogo. Trata-se da dialógica ordem/desordem/interações/(re)organização. Vale observar que, se é possível afirmar que os sujeitos são fortemente influenciados pela cultura/pelo imaginário organizacional, complexamente, também é correto dizer que eles realizam algum tipo de influência sobre a cultura/o imaginário organizacional, pois que, ao estabelecer comunicação, como sistemas vivos, agem sobre as teias de significação (cultura organizacional) – perturbando a organização – (re)tecendo-as e prendendo-se "a elas"/"nelas".

Atente-se, ainda, para o fato de que a comunicação formal e a informal, nessa perspectiva, não são microssistemas isentos, assépticos um ao outro, e sim, partes do mesmo subsistema que é a comunicação organizacional. Na perspectiva do princípio dialógico, pode-se pensar que o formal/informal são a ordem/desordem, a dispersão/(re)organização dos sentidos sob a unidade comunicação organizacional; trata-se da própria dualidade no seio da unidade. Portanto, parece pouco fértil pensá-los como independentes quando, em princípio, estão permanentemente tensionados, materializando-se em perspectiva dialógico-recursiva e hologramática.

Por fim, importa, ainda, que se realizem algumas considerações. Essas considerações não têm caráter de resumo, apenas procuram salientar algumas das ideias apresentadas. A perspectiva da comunicação organizacional, sob a complexidade: 1) exige que se supere a lógica simplificadora que insiste em afirmar a linearidade da comunicação

---

15. Sobre a tendência de as organizações valorizarem a diversidade como elemento gerador de criatividade, ver matéria na revista *Exame*, assinada por Vassallo (2000).

organizacional; como mero exercício de poder de um emissor sobre um receptor; como poder absoluto e inquestionável do planejamento; e como lugar de certezas; 2) exige que as organizações atentem para toda circulação de sentidos no âmbito de suas relações e estejam preparadas para se permitirem perturbar (sentido de perturbação para os sistemas vivos), lidar com a incerteza e, com isso, autoexo(re)organizarem-se; 3) afirma que o sujeito (força ativa) é, ao mesmo tempo, diverso e semelhante, portanto, único; 4) pressupõe a potencialização dos espaços para o diálogo (Oliveira; Paula, 2007), assim como para a escuta, com possibilidade de as manifestações ocorrerem com liberdade e sem a materialização de represálias; 5) compreende que o sentido é social, mas que os sujeitos agem na sua (re)construção a partir de competências, saberes, desejos, história, cultura, imaginário, contextos etc.; 6) implica que os sujeitos deixam marcas de linguagem quando em comunicação, marcas essas que permitem saber de suas estratégias cognitivas, dentre outras coisas; e 7) envolve o diálogo, que gera e regenera os sistemas socioculturais – sistemas vivos. Essas são algumas das ideias a serem consideradas quando do pensar as organizações e a comunicação organizacional.

Então, com este texto, procurou-se refletir sobre a comunicação organizacional em duas dimensões:

a) a primeira considera a comunicação organizacional um subsistema sociocultural e, portanto um subsistema/microssistema da comunicação. Nesse sentido, a comunicação organizacional compreende todos os processos de construção e disputa de sentidos do âmbito das relações organizacionais, não importando sua qualidade, forma, ambiente/contexto, objetivos, formalidade etc. São processos que se realizam com diferentes níveis de intencionalidade e, contanto que um único sujeito atribua sentido a algo, esse algo será considerado comunicação, como se disse;

b) a segunda dimensão é aquela que se atualiza como prática profissional. Como prática profissional, sob o viés da complexidade, importa que se atente para a comunicação organizacional em sua dimensão de subsistema, ao tempo em que se investiga, interpreta, seleciona/define, circula e disputa sentidos, visando à legitimação organizacional e a seu comprometimento ecossistêmico com o "algo sempre melhor". Portanto, trata-se de pensar e realizar o diálogo para, hologramática, dialógica e recursivamente, permitir-se transformar e ser transformado; respeitar a alteridade em sua diversidade; pensar o planejamento como norteador e não como certeza; compreender o conflito como possibilidade de criação/inovação; abandonar as zonas de conforto ditadas pelas verdades absolutas; aceitar as próprias limitações e o (re)tecer a cultura organizacional; potencializar as falas; e aprender a escutar.

Quer parecer, portanto, que o maior desafio que se apresenta não é o fato de se ter que lidar com a incerteza, com a presença da desordem, com a impossibilidade de controle (por mais que não se queira admitir, isso tem acontecido e os profissionais têm sido submetidos a uma aprendizagem por tentativa e erro). O grande desafio parece estar em superar o temor em assumir uma postura de humildade frente aos complexos processos de comunicação organizacional; em admitir que os níveis de incerteza presentes nesses processos podem alterar qualquer previsão e desestruturar qualquer planejamento; em reconhecer que a alteridade é agente no processo e que, a cada estratégia adotada, pode adotar, até, uma estratégia contrária.

Referências bibliográficas

ALMEDER, R.. Peircean fallibilism: the tansactions of the Charles S. Peirce society. *A Quarterly Journal in American Philosophy*, n. 18, p. 57-65, 1982.

BALDISSERA, R. *Comunicação organizacional*: o treinamento de recursos humanos como rito de passagem: São Leopoldo: Unisinos, 2000.

_____. *Imagem-conceito*: anterior à comunicação, um lugar de significação. 2004. Tese (Doutorado em Comunicação Social) – Pontifícia Universidade Católica do Rio Grande do Sul, Porto Alegre.

_____. Comunicação, identificações e imagem-conceito. *Unirevista*, v. 1, n. 3, jul. 2006. Disponível em: <http://www.unirevista.unisinos.br/_pdf/UNIrev_Baldissera.PDF. Acesso em 26/05/2008>.

_____. O falibilismo de Peirce. *Revista de Estudos Feevale*. Novo Hamburgo, Feevale, v. 21, n.1, p. 117-28, jan./jun. 1998.

BALDISSERA, R.; SÓLIO, M. B. O *complexus* comunicação-cultura-administração. In: CONGRESO LATINOAMERICANO DE CIENCIAS DE LA COMUNICACIÓN, VII, 2004. [*Paper* apresentado no Grupo de Trabalho de Relações Públicas e Comunicação Organizacional]. *Anais...* Alaic, La Plata (Argentina), Universidad de la Plata, 06-08 jun. 2004.

BAKHTIN, M. *Marxismo e filosofia da linguagem*: problemas fundamentais do método sociológico na ciência da linguagem. 9. ed. São Paulo: Hucitec, 1999.

CAPRA, F. *As conexões ocultas*: ciência para uma vida sustentável. 2.ed. São Paulo: Cultrix, 2002.

CHALMERS, A. F. *O que é ciência afinal?* São Paulo: Brasiliense, 1993.

ECO, U. *Interpretação e superinterpretação*. São Paulo: Martins Fontes, 1997.

_____. *Tratado geral de semiótica*. 2. ed. São Paulo: Perspectiva, 1991.

FOUCAULT, M.. *Microfísica do poder*. 12. ed. Rio de Janeiro: Graal, 1996.

GARRIDO, .F. J. *Comunicación, estrategia y empresa*. Medellín: Editorial Zuluaga, 2003.

GEERTZ, C. *A interpretação das culturas*. Rio de Janeiro: LTC Editora, 1989.

HALL, S. *A identidade cultural na pós-modernidade*. 4. ed. Rio de Janeiro: DP&A, 2000.

LANDOWSKI, E. *Presenças do outro*: ensaios de sociossemiótica. São Paulo: Perspectiva, 2002.

MAFFESOLI, M. Da identidade à identificação. In: MAFFESOLI, M. *No fundo das aparências*. Petrópolis: Vozes, 1996. p. 299-350.

_____. A comunicação sem fim (teoria pós-moderna da comunicação). *Revista Famecos – Mídia, Cultura e Tecnologia*. Porto Alegre, Edipucrs, n. 20, p. 7-12, abr. 2003.

MORIN, E. Noção de sujeito. In: SCHNITMAN, D. F. (org.). *Novos paradigmas, cultura e subjetividade*. Porto Alegre: Artes Médicas, 1996a. p. 45-58.

_____. Epistemologia da complexidade. In: SCHNITMAN, D. F. (org.). *Novos paradigmas, cultura e subjetividade*. Porto Alegre: Artes Médicas, 1996b.p. 274-89.

_____. *O método* – 3. Porto Alegre: Sulina, 1999.

_____.*Ciência com consciência*. 4. ed. Rio de Janeiro: Bertrand do Brasil, 2000a.

_____. *Meus demônios*. Rio de Janeiro: Bertrand Brasil, 2000b.

_____. *Introdução ao pensamento complexo.* 3. ed. Lisboa: Instituto Piaget, 2001.

_____. *O método* – 4. 3. ed. Porto Alegre: Sulina, 2002a.

_____. A comunicação pelo meio (teoria complexa da comunicação). *Revista Famecos – Mídia, Cultura e Tecnologia.* Porto Alegre: Edipucrs, n. 20, p. 7-12, abr. 2003

OLIVEIRA, I. L.; PAULA, M. A. *O que é comunicação estratégica nas organizações.* São Paulo: Paulus, 2007.

RUIZ, C. B. *Os paradoxos do imaginário.* São Leopoldo: Unisinos, 2003.

VASSALLO, C. Viva a diferença: por que a diversidade do capital humano pode tornar as empresas mais criativas, competitivas e poderosas. *Exame*, São Paulo, Editora Abril, a. 34, n. 186, p. 152-64, 6 set. 2000.

Epílogo

COMUNICAÇÃO ORGANIZACIONAL E PERSPECTIVAS METATEÓRICAS: INTERFACES E POSSIBILIDADES DE DIÁLOGO NO CONTEXTO DAS ORGANIZAÇÕES

Marlene Marchiori

Ao percorremos os domínios sociais e científicos observamos que o termo comunicação é complexo e multidimensional. Para Frey, Botan e Kreps (apud Morreale; Spitzberg; Barge, 2007, p. 5), comunicação é o processo de gerenciar "mensagens e mídias com o propósito de criar significados". Essa definição leva-nos a um olhar mais crítico da comunicação nas organizações em relação a palavras, símbolos, ações e gestos que são utilizados pelas pessoas nos processos de interação. Inúmeros podem ser os meios pelos quais os símbolos são formados e os significados, representados. O símbolo verbal mais comum é a linguagem, sendo imprescindível entender como o significado é construído, ou seja, quais as interpretações que as pessoas fazem de uma mensagem – de que forma ela é reconhecida, entendida e faz sentido para as pessoas que participam desse processo. Essa visão muda o enfoque da comunicação.

Referenciamos, neste capítulo, a comunicação como um processo abrangente e formativo, que oportuniza maior desenvolvimento nas organizações, que acresce capacidade nas pessoas, que estimula o conhecimento e que modifica estruturas e comportamentos. A perspectiva da comunicação como processo é uma postura que permite às pessoas explorarem suas potencialidades e se desafiarem como seres humanos. Para Morreale, Spitzberg e Barge (2007, p.19), "vivemos em um mundo da comunicação", sendo a comunicação fundamental para a qualidade de vida das pessoas. Os autores entendem que a forma como comunicamos tem consequência direta no tipo de vida que levamos, no tipo de relacionamento que criamos e no tipo de comunidade que construímos.

Ao olharmos para as organizações contemporâneas vemos a evolução dos modelos de comunicação (Morreale; Spitzberg; Barge, 2007): comunicação como transmissão de informação (comunicação unidirecional); comunicação como persuasão (habilidade de influenciar pessoas); comunicação como compartilhamento de significados (modelos interativo e transacional); e comunicação como comunidade, na qual a dimensão da comunicação permeia o ambiente e cria as diferentes comunidades das quais participamos. Assim, as comunidades passam a permear nossa existência, como membros da sociedade, de organizações e de grupos, e nossos relacionamentos, sendo que as pessoas podem pertencer a múltiplas comunidades simultaneamente. A comunicação é um processo que se desdobra ao longo do tempo e acaba por "criar nossos mundos sociais" (Morreale; Spitzberg; Barge, 2007, p. 21).

Pearce e Pearce & Spano sugerem (apud Morreale; Spitzberg; Barge, 2007, p. 19) que as pessoas interessadas na construção de comunidades mudem a forma de comunicar, incluindo o diálogo. O diálogo permite as pessoas entenderem seu próprio pensamento e serem abertas a outras perspectivas. De acordo com os autores, os seres humanos devem participar mais de comunidades de diálogo, principalmente no que tange a questões significativas. Esse posicionamento é importante para as organizações na medida em que passamos a observar os indivíduos envolvidos em suas práticas, o que certamente modifica a amplitude da comunicação nas organizações contemporâneas.

McPhee e Zaug (2000, p.1) entendem que "organizações são constituídas comunicativamente". Gadamer (apud Deetz; Kersten, 1983, p. 149) afirma que todos os artefatos humanos, textos, ações comunicativas e comportamento possuem significado não em razão daquilo que eles são, mas principalmente em decorrência do que eles significam, sendo que a capacidade para a compreensão das expressões da vida tem suporte no ser humano e não no método ou na objetividade. Para este entendimento é fundamental incorporar a história, o contexto, as práticas sociais e suas respectivas expressões. Portanto, torna-se imprescindível entender que a comunicação não mais reflete uma realidade, mas, pelo contrário, é "formativa", no sentido de criar e representar o processo de organizar (Putnam; Phillips; Chapman, p. 396).

Este artigo tem como objetivo apresentar e discutir as diferentes abordagens metateóricas: funcionalista, interpretativa, crítica e pós-moderna, relacionando-as com a comunicação e a cultura organizacional na medida em que permeiam a vida das organizações. "Metateoria é um processo que ocorre após uma teoria ter sido criada e considera a teoria recém-criada como objeto de estudo" (Ritzer, 1991, p.3). Em termos metodológicos, trata-se de uma pesquisa qualitativa fundamentada em referencial bibliográfico, com o objetivo de construir uma reflexão acerca da temática estudada para o desenvolvimento de novos estudos. Os autores que embasam este artigo foram selecionados em função do fato de demarcarem, nas perspectivas teóricas desenvolvidas, um novo pensar na área. Os seguintes questionamentos levam a explorar o tema proposto: Quais as perspectivas de comunicação organizacional que emergem da análise metateórica? Como as organizações experimentam a comunicação? Como a cultura é formada nas diferentes abordagens metateóricas? Estas questões são levantadas com o intuito de entender de que forma a comunicação organizacional passa a questionar o fenômeno organização.

A questão ontológica pondera a realidade da comunicação nas organizações, como as coisas são. Em contraste, a epistemologia trata de como geramos conhecimento sobre a natureza da realidade, ou seja, de que forma sabemos sobre como as coisas são. Os debates epistemológicos acabam por ancorar-se nas Ciências Sociais e, no caso específico, na teoria da organização. Burrell and Morgan (1979) trazem à tona a proposição de diferentes paradigmas, tornando-se indiscutivelmente a referência para diferentes escolas teóricas.

Eisenberg e Riley (2001, p. 317) propõe que "precisamos entender que nosso trabalho tornou-se parte do fenômeno cultural que estamos estudando, e nós estamos, em parte, reflexivamente, criando o futuro das organizações". Esse posicionamento nos leva a explorar e desvendar as relações que permeiam a cultura e a comunicação em organizações, uma vez que as pessoas constroem sua cultura comunicativamente à medida que desenvolvem significados, símbolos e discursos para todas as suas ações.

Cultura e comunicação estão inerentemente ligadas à análise de processos e relacionamentos, sendo a linguagem constituinte fundamental, por criar e recriar realidades, nos mais diversos contextos. Portanto, os processos e as interações comunicativas que revelam a cultura devem ser continuamente pesquisados e explorados, uma vez que fundamentam a existência das organizações. As práticas culturais acabam por emergir das experiências humanas, e as pessoas, como seres humanos, são dependentes das práticas que criam. A realidade organizacional só pode ser compreendida a partir do momento em que se relaciona ao contexto histórico e à estrutura social nos quais foi concebida (Connerton, 1976), ou seja, para que uma organização possa ser revelada, não basta olhar exclusivamente para suas estruturas, mas é preciso considerar o seu conjunto: processos e estruturas.

Cultura é o resultado da interação social e é formada em comunicação. A comunicação organizacional é provedora e disseminadora de conteúdos, os quais desenvolvem os ambientes organizacionais. A interpretação desses ambientes é expressa na realidade cultural de uma determinada organização, por meio de seus discursos e relacionamentos.

Para Cheney e Lair (2006, p. 58), quando analisamos organizações e a comunicação organizacional, passamos a observar profundamente o fenômeno, considerando simultaneamente o *status* de uma organização, como ator social, e o processo de organizar que acaba por criar, manter e transformar a própria organização. Organizações estão em estado latente de desenvolvimento, podendo a cultura e a comunicação ser vistas como provedoras de conhecimento e contribuir para novos desafios no mundo organizacional.

Sapir (apud Romani, 2007, p. 13) comenta sobre as interconexões que acabam por existir entre linguagem e cultura "na perspectiva de cultura como um sistema de comunicação". Barker (1993) entende que a cultura organizacional é flexível, maleável, não rígida, confinada a uma estrutura, ou seja, é uma formação fluida e dinâmica de possíveis significados, por meio do discurso, possibilitando aos seus membros atribuir conhecimento. "Organizações alcançam reconhecimento comunicativamente" (Pacanowsky; Trujillo, 1982, p. 122), sendo a comunicação um processo no qual "cada comportamento comunicativo é constituído de relacionamentos interpessoais" (Trujillo, 1983, p. 82).

Pacanowsky e Trujillo (1982, p. 123) sugerem que as "pessoas ao conversarem estão se comunicando e construindo sua cultura", sendo a cultura "constituída e reconstituída em comunicação" (Bantz, 1983, p. 60). Eisenberg e Riley (2001, p. 294) comungam nesse pensamento, visto que "a visão comunicativa de cultura organizacional acaba por ver comunicação como constituinte da cultura". Marchiori (2006, p. 87) complementa: "é através da cultura e da comunicação que as pessoas dão sentido ao mundo em que vivem, atribuindo significado para as experiências organizacionais [...] o processo de cultura é a construção de significados".

Bormann (1983, p. 100) define comunicação como o processo social humano pelo qual as pessoas criam, desenvolvem e sustentam a consciência grupal, compartilhada e simbólica. Para o teórico, comunicação é fundamental, não sendo uma condição suficiente para a formação da cultura organizacional, pois outros aspectos como artefatos, tecnologia, ferramentas são necessários. Borman considera que sem comunicação estes componentes não resultariam em uma cultura. Segundo Marchiori (2006, p. 231), a cultura é interativa "na medida em que os indivíduos observam e interagem com o mundo e, por meio desse processo, podem simbolizar e atribuir significado". Portanto, entendemos que cultura e comunicação organizacional são indissociáveis e dependentes.

Nos anos 1980, a conferência organizada nos Estados Unidos pelos acadêmicos Putnam e Pacanowsky (1983) favorece uma evolução e reposiciona a comunicação organizacional como processo central das organizações, "comparando comunicação com organização" (Eisenberg; Riley, 2001, p. 292). Da perspectiva funcionalista nasce a interpretativa, ampliando-se horizontes, sendo, sem sombra de dúvida, um marco no desenvolvimento teórico da comunicação e de sua relação com outras disciplinas. Segundo Eisenberg e Riley (2001, p. 293), pesquisadores da área de comunicação começaram a explorar organizações como "entidades sociais [...] constituídas em interação", assim como a identificação do papel constitutivo da comunicação na criação da cultura organizacional. May e Mumby (2005, p. 5) alertam para o fato de pesquisadores, que estudavam "comunicação e organizações", passarem a examinar "como o processo comunicativo constitui a organização", ou seja, como um novo olhar possibilita ampliar horizontes de análise e intensifica a visão da comunicação como aspecto constitutivo da cultura organizacional, o que fortalece a visão de dependência entre comunicação e cultura diante das perspectivas metateórica – funcionalista, interpretativa, critica e pós-moderna.

Ao falarmos em perspectivas metateóricas, afirmamos que "não há suposições filosóficas corretas ou erradas, apenas suposições diferentes" (McAuley; Duberley; Johnson, 2007). Concordando com este pensamento, entendemos que, ao explorar as interfaces, estamos oferecendo possibilidades para análise das organizações em diferentes contextos, não qualificando uma perspectiva como mais correta que a outra para o estudo da comunicação e da cultura organizacional.

Perspectiva funcionalista

A perspectiva funcionalista considera a organização como uma entidade "única", na qual os membros buscam atingir objetivos e interesses comuns (Putnam, 1983). A organização é um sistema aberto que existe em um relacionamento instrumental com o seu ambiente (Smircich, 1983, p. 226). A realidade social é externa ao indivíduo (Putnam, 1983), ou seja, ocorre anteriormente à atividade humana. A visão *management-oriented* (McAuley; Duberley; Johnson, 2007, p. 20) domina esta perspectiva, na qual as práticas gerenciais são estimuladas para que atinjam eficiência e eficácia organizacional. A unidade principal de análise é a organização (Putnam, 1983).

Na metáfora *container*, as mensagens assumem formas físicas, o que quer dizer que elas têm propriedade tangível e ocorrem nos fluxos ascendente, descendente e horizontal (Putnam, 1983). O significado e o conteúdo das mensagens têm papel secundário, cujo significado reside na mensagem e nos filtros perceptivos, sendo, portanto, uma visão mecanicista e linear da comunicação, a qual pode ser medida e avaliada. Aqui, a preocupação é com o nível de informação no interior da organização, principalmente no que tange aos aspectos formais e informais (*grapevine*) e à rede de comunicação. Putnam (1983) adverte que os filtros podem impedir a transmissão eficiente da mensagem, chamando também a atenção para o controle acentuado dos gerentes sobre a organização intacta no fluxo da mensagem.

A existência de leis universais, segundo Putnam (1983), facilita a explicação dos fenômenos que ocorrem nas organizações, nas quais a ciência gera conhecimento objetivo em virtude da visão relativista do mundo social. "Causalidade é vital para o desenvolvimento de conhecimento generalizado" (Putnam, 1983, p. 41). A análise dos comportamentos organizacionais tem como base leis generalizadas que governam o comportamento social.

As organizações carregam um "sentido de uniformidade na filosofia, nos objetivos e nos procedimentos" (Putnam, 1983, p. 45). A perspectiva funcionalista acaba por reificar o processo social em propriedades fixas, tratando as organizações como entidades (Putnam, 1983). Portanto, a estrutura social existe anteriormente à ação dos indivíduos, ou seja, antes da atividade humana. Reificar significa transformar o abstrato, mediante atuação cuja finalidade é tornar concretas as formas simbólicas e os fatos empíricos (Swenson, apud Putnam, 1983). Putnam (1983) ressalta outro paradigma no qual os indivíduos são produtos do meio ambiente, uma vez que este mundo externo sugere comportamentos apropriados.

A comunicação é vista como um instrumento, uma ferramenta, cuja função, conforme apontado por Deetz e Kersten (1983, p. 155), é contribuir para o alcance dos objetivos organizacionais. Para Morgan (apud Smircich, p. 223), a teoria organizacional funcionalista tem sido a criação e elaboração de uma linguagem que gere e sustente "um sistema de valores para o conhecimento e gerenciamento da experiência organizacional".

Enfatizar a perspectiva funcionalista é o mesmo que enfatizar uma cultura compartilhada em toda a organização. Dessa forma, as pessoas estão comprometidas com os objetivos organizacionais prescritos pelos gerentes. Tanto a comunicação quanto a cultura podem ser vistas como manipuladoras, como objeto que pode ser estrategicamente articulado. Os gerentes podem fazer uso da comunicação como instrumento e por esse meio controlar determinada situação (Putnam, 1983), mantendo-se a integridade da organização. A cultura pode ser manipulada pelos gerentes, a fim de criar uma organização efetiva e competitiva (Trethewey, 1997) ou os gerentes podem controlar empregados por meio da cultura (McAuley; Duberley; Johnson, 2007).

Quando olhamos para a perspectiva funcionalista, naturalmente vemos o tratamento da cultura como entidade. A percepção que passamos a ter é de distância em relação ao processo de formação da cultura, como se cultura fosse "algo que existe"na organização, que se forma independentemente das pessoas. A cultura tem um enfoque extremamente mecanicista e a comunicação não foge a essa regra, o que permite observar claramente referências aos processos de comunicar a cultura desta ou daquela organização, como se fosse única e exclusivamente um processo de transmissão de um comportamento ou de um determinado valor. Entendemos que os efeitos da cultura são muito mais intensos e que novas perspectivas transportam a outra realidade para análise das organizações e de seus contextos relacionados à comunicação e cultura.

Smircich (1983) entende que o fato de ver a cultura como controlada ou gerenciada leva a ignorar que ele surge espontaneamente do cotidiano de interação social, já que as pessoas irão resistir naturalmente às tentativas de gestão, de manipulação desses processos. Linstead e Grafton-Small (1992, p. 335) chamam a atenção para o entendimento das pessoas na condição de "membros múltiplos", porque, ao participarem de outras instituições culturais e sociais, têm maior poder de influenciar os valores da organização quando de uma perspectiva funcionalista. Passamos a questionar como a realidade organizacional é constituída (Putnam, 1983), sendo a metateoria interpretativa uma das respostas a serem exploradas.

Perspectiva interpretativa

A perspectiva interpretativa tem relação direta com os seres humanos em sua condição de atores sociais. McAuley, Duberley e Johnson (2007, p. 36) comentam a importância dos atores humanos e o processo subjetivo de interpretação e entendimento que acaba naturalmente ocorrendo ao redor destes seres humanos no processo de construção de comportamento nas organizações. A visão interpretativa (*interpretive*) possibilita conceber as organizações como sistemas de construção social de significados compartilhados (Smircich, 1983, p. 221). No entender de Putnam (1983, p. 45), "organizações são relacionamentos sociais". O fenômeno social é definido pela construção de uma determinada realidade (Berger; Luckman, 1966) por meio da linguagem, de símbolos e comportamentos que são expressos pelas pessoas nas organizações.

A teoria da construção social afirma que o significado surge nos sistemas sociais e não nos indivíduos de uma sociedade (Allen, 2005, p. 35), sendo a linguagem considerada um dos aspectos principais do seu desenvolvimento (Smircich, 1983, p. 223). Westwood e Clegg (2003, p. 10) sugerem que a essência da construção social é uma preocupação com a experiência vivenciada e a produção de sentido para as pessoas nos contextos em que vivem, sendo o objeto de estudo a vida e os significados construídos pelas pessoas nos processos de interação. Marchiori (2006) entende que as pessoas, ao agirem nas situações comunicativas, modificam o significado da ação, pois buscam um novo estado de negócio.

Percebe-se que a realidade é experimentada pelos membros. Nela os significados passam a ser constituídos nos mais diferentes níveis organizacionais. Segundo certos autores (Putnam, 1983; Johnson, 1977), se olharmos para uma organização como processo de construção social, vemos que "organizar torna-se um processo de comunicar" (Putnam, 1983, p. 53) e que a perspectiva interpretativa é uma evolução da funcionalista, graças à qual entende-se que a visão da própria organização é ampliada, possibilitando o desenvolvimento de uma realidade mais equilibrada, na qual as pessoas não só se tornam membros ativos do processo, mas chegam a criá-lo. Dessa forma, "novas interpretações precisam ser construídas para sustentar a atividade organizada" (Smircich, 1983, p. 221).

A realidade social é um processo simbólico criado por meio de ações e significados subjetivos atribuídos a essas ações (Putnam, 1983, p. 44). Tais ações possibilitam o relacionamento entre as pessoas, mediante o qual os indivíduos passam a interpretar a realidade diante desse pensamento mais coletivo que naturalmente se forma nas interações sociais. Todas as formas da organização humana, embora aparentemente concretas e reais, são "fortalecidas e dotadas de sentido pelos seus membros" (Smircich, 1983, p. 225). A mudança torna-se grande à medida que passa do estágio de gerenciamento e controle para o de observação de uma organização nos aspectos de "interpretação e conhecimento" (Smircich, 1983, p. 225).

O estudo do significado surge como um aspecto-chave, ou seja, é "a maneira pela qual, indivíduos dão sentido ao mundo em que vivem" (Putnam, 1983 p. 31). Dar sentido as ações (*sensemaking* – Weick, 1995), considerar a comunicação verbal e não verbal como processo em contínuo desenvolvimento (Putnam, 1983), como comportamentos interligados, criando e recriando interações, são questões que se impõem na metateoria interpretativa. Entendemos que os significados surgem nos processos de interação, não são únicos e propiciam a criação e recriação de eventos organizacionais. Essa visão pluralista acaba por revelar para os pesquisadores não só tratamentos múltiplos da realidade organizacional, mas a consistência de realidades múltiplas, uma vez que as pessoas passam a explorar práticas de *sensemaking* em todos os níveis da organização. Putnam, (1983), McAuley, Duberley e Johnson (2007, p. 290) entendem que "organizações são pluralistas, com diferentes caminhos para agir e se comportar." As organizações apresentam inúmeras formas de agir e de pensar podendo-se inferir a existência de múltiplas interpretações de cultura.

Os pesquisadores interpretativos acabam por questionar a existência da organização, passando a tratar coletividade como resultado de processos nos quais os membros constroem a realidade social (Putnam, 1983, p. 45). McAuley, Duberley e Johnson (2007, p. 39) ensinam: "a verdade pode estar presente, mas nós não temos conhecimento porque nós acabamos vendo pelos filtros. [...] Essa base cultural, subjetiva e de processos dotados de sentido, cria a realidade para nós." Os autores lembram que o conhecimento humano dá forma a uma realidade socialmente construída, sendo as versões mutáveis em decorrência das circunstâncias sociais em que são produzidas.

Para os teóricos da corrente *interpretive*, as estruturas são complexas, são relacionamentos semiautônomos que se originam das interações humanas. Há uma interação e uma visão de conjunto entre departamentos, que acabam por influenciar os comportamentos organizacionais, sendo que estrutura e processo coexistem. A participação dos indivíduos na criação dos seus próprios ambientes é característica predominante, chegando a influenciar o ambiente e a realidade organizacional (Putnam, 1983, p. 36).

A cultura organizacional é vista como um sistema de significados e símbolos compartilhados (Putnam, 1983) e emerge das interações diárias entre as pessoas (McAuley; Duberley; Johnson, 2007), ou seja, é um sistema de interações. O conteúdo da cultura organizacional se forma e é reafirmado precisamente nas relações diárias que ocorrem nas organizações, no nível de detalhamento dos processos sociais (Young, 1989). Para Young (1989), os eventos e processos organizacionais são passíveis de interpretações múltiplas. Dessa forma, a cultura organizacional possui 'propriedade emergente' (Linstead; Grafton-Small, p. 336), em consequência do processo de construção de significado, a qual emerge dos eventos organizacionais estimulados por diferentes grupos e interesses em busca de seus objetivos (Young, 1989, p.190). Devemos ainda lembrar que as organizações são compostas por muitas culturas (McAuley; Duberley; Johnson, 2007).

As interpretações são analisadas por um processo dialógico, *dialogic process*, com os atores e por meio de significados sociais consistentes e de práticas organizacionais (Putnam, 1983, p. 48). O pesquisador aceita a realidade sem questionar seu potencial. Da perspectiva interpretativa nasce a visão crítica – a qual busca identificar a distorção que pode ocorrer na comunicação e procura liberar as pessoas da exploração, da alienação e de formas arbitrárias de autoridade (Schroyer, apud Putnam, 1983, p. 48), perspectiva abordada na sequência.

Perspectiva crítica

A teoria crítica busca revelar o ideológico subjacente a "estruturas, práticas e discursos que mascaram" (Westwood; Clegg, 2003, p. 10), preocupando-se com o desenvolvimento das organizações no sentido de preencher todas as potencialidades dos seus membros, como seres humanos. Para isso, instiga as organizações a pensarem na arquitetura organizacional, liderança e comunicação (McAuley; Duberley; Johnson, 2007) tendo como objetivo último a criação de espaços organizacionais que possam estimular o desenvolvimento das pessoas dispondo ambientes de trabalho excelentes.

Os teóricos críticos "rejeitam o positivismo" (McAuley; Duberley; Johnson, 2007, p. 36) e buscam a emancipação do fenômeno em estudo por meio da "crítica na ordem social" (Putnam, 1983, p. 53). O objetivo principal da pesquisa é a "mudança social" (Deetz; Kersten, 1983, p. 149). Deetz e Kersten (1983, p. 149) referem-se à posição central que a teoria crítica assume no desenvolvimento da pesquisa em comunicação, posto que oportuniza atenção explícita para os "sistemas comunicativos".

Conflitos surgem e ressurgem, visto que as estruturas de poder acabam sendo reveladas. Putnam (1983) explica que a supressão de conflitos é relacionada com o produto de identidade individual, conhecimento social e processo de decisão organizacional. As organizações, assim como suas estruturas e práticas, são vistas como criações históricas sociais alcançadas em condições de estrangulamento e, usualmente, em posições desiguais de relacionamento de poder (Deetz, 2005, p. 94).

O interesse concentra-se nas lacunas que acabam por existir entre as reais necessidades humanas e o conhecimento e a expressão destas necessidades (Deetz; Kersten, 1983, p. 152). A visão crítica considera a necessidade de maior equilíbrio nas organizações, pois parte do pressuposto de que há diferença, por exemplo, entre gestores e funcionários, sendo o ambiente organizacional caracterizado por "dominação" e "opressão" (Deetz; Kersten, 1983). Para McAuley, Duberley e Johnson (2007), os teóricos críticos revelam estruturas de opressão e injustiça que ocorrem no âmbito das organizações em sociedades capitalistas, sendo fundamental possibilitar aos membros organizacionais o fortalecimento dos seus direitos democráticos e responsabilidades.

A pesquisa crítica busca contribuir para a existência de uma comunicação organizacional livre a aberta na qual sociedade e indivíduos alcancem objetivos coletivos. Fica clara a função questionadora da abordagem crítica, porquanto tem como enfoque "o papel da organização no potencial preenchimento das necessidades do ser humano" (Deetz; Kersten, 1983, p. 155). A comunicação organizacional passa a ser mais ampla, não se restringindo a uma visão específica da organização, e sim ao contexto da sociedade como um todo, vindo tanto a organização como a sociedade a sofrer influências múltiplas.

A realidade organizacional é o resultado de uma dialética entre relações históricas e materiais e entre condições materiais e fatores socialmente construídos (Deetz; Kersten, 1983, p. 161). O desenvolvimento do potencial humano se dá por intermédio da participação e da criação de novas formas sociais, em virtude do que o comprometimento com esse objetivo direciona amplamente o processo de intervenção (Deetz; Kersten, 1983, p. 171).

A "consciência crítica" (McAuley; Duberley; Johnson, 2007, p. 26) acaba por conceber novas formas de organizar, o que possibilita reduzir formalmente o poder das pessoas. Alvesson e Willmott (1996, p. 114) ressaltam que a abordagem crítica propicia uma abertura radical para o entendimento da vida organizacional, uma vez que sua prática apresenta potencial para promover novas formas de trabalho, que dão voz, promovem e ajudam as organizações no que se refere a reflexão crítica e maior autonomia. Sendo assim, por meio da crítica, da reflexão, do debate e do desenvolvimento de relações democráticas, o *status quo* pode sofrer alterações (McAuley; Duberley; Johnson, 2007, p. 26).

A ideia de organizações mais democráticas é uma conquista da teoria crítica, sendo um dos aspectos cruciais criar, dentro desse contexto, sociedades e organizações que possibilitem aos membros serem "humanos", em condições de desenvolver todas as suas potencialidades (McAuley; Duberley; Johnson, 2007). Para tanto, é fundamental direcionar-se para pesquisas que desvendem como grupos são formados e como se interceptam, que desvendem também as complexidades e variedades entre eles, olhando para os processos comunicativos de produção de consenso e dissenso (Deetz,

2005, p. 105). A ênfase da organização é no aspecto político, sendo a comunicação livre e aberta postura essencial. O estudo da cultura organizacional considera as críticas e os discursos que se formam nos processos de reflexão, prevenindo distorções. Da perspectiva crítica evoluímos para a pós-moderna, na qual flexibilidade e diferença demarcam a visão da comunicação.

Perspectiva pós-moderna

A teoria pós-moderna, segundo Hancock e Tyler (McAuley; Duberley; Johnson, 2007, 2007), apresenta quatro principais proposições: não se pode presumir que não existe tal coisa como razão pura; a linguagem que utilizamos modela o que vemos e o que sentimos; não existe tal coisa como conhecimento puro; e precisamos reconhecer que há diferentes visões de qualquer situação e que devemos tentar descobrir diferentes perspectivas. Afirma Taylor (2005, p. 113): "os pós-modernistas estão comprometidos com explorar os complexos relacionamentos de poder, conhecimento e discurso criado no esforço entre grupos sociais.

O poder da linguagem é ressaltado em inúmeros artigos na teoria pós-moderna. McAuley, Duberley e Johnson (2007, p. 252) comentam: "o que vemos [...] significa que aquilo que tomamos como conhecimento é construído em e por meio da linguagem." Os autores consideram que o conhecimento não tem vantagem segura se for observado externamente aos processos sociolinguísticos. Dessa forma, linguagem e negociação social do significado assumem posição fundamental, já que influenciam as percepções dos que estão envolvidos em diálogos organizacionais.

A visão que se tem da organização pós-moderna é a da descentralização da autoridade e dos relacionamentos nas unidades e entre as unidades, e de autonomia localizada no processo de decisão do empregado (Taylor, 2005, p. 118/9). O autor traz à tona as diferenças entre modernismo e pós-modernismo. Para o escopo deste artigo destacamos os seguintes aspectos que as organizações pós-modernas estimulam: processo democrático informal, emergente e baseado em consenso; *empowerment*, que propicia o desenvolvimento da proatividade dos funcionários; relacionamentos complexos nos quais estes cultivam educação, reflexividade e criatividade a serviço do desempenho organizacional; diversidade e diferença, entre outras características.

Linstead e Graftonm-Small (1992) entendem que a visão pós-moderna da cultura contribui para um movimento que permite visualizar a organização como articuladora de inúmeros "textos" e suas respectivas características. Um ambiente sem unidade sugere ironia, paradoxo, sedução e diferenças. Nesse sentido, ambiguidade, instabilidade e fluidez de significados são características da cultura, não existindo padrões fixos durante períodos.

O termo "discurso" é utilizado pelos teóricos pós-modernos quando se referem aos significados subjetivos pelos quais as pessoas organizam o que percebem. Discursos expressam tudo que pode ser pensado, escrito ou falado sobre um determinado fenômeno. McAuley, Duberley e Johnson (2007) expõem que, pela criação de um fenômeno, discursos acabam por influenciar o comportamento das pessoas. Para os autores, a partir do momento em que se altera o discurso, a realidade está sendo literalmente modificada.

Segundo Ackroyd e Fleetwood (2000), o mundo social é fundamentalmente construído pelas pessoas, sendo gerado nos discursos. A linguagem que as pessoas utilizam constitui a realidade, em vez de representá-la (McAuley; Duberley; Johnson, 2007, p. 248). A linguagem não é neutra; as palavras que as pessoas têm disponíveis dão forma à maneira com que as situações são interpretadas, pois, conforme comentado pelos autores, não existe uma outra realidade fora da linguagem que utilizamos para descrevê-la. Aquilo que as pessoas entendem como realidade é, em si mesmo, criado e determinado pelos atos de percepção subjetiva. "Nossa criação subjetiva é externalizada e percebida como se fosse independente de nós" (McAuley; Duberley; Johnson, 2007, p. 42). Subjetividade ou identidade acabam sendo produzidas neste contexto de discurso.

A cultura organizacional é essencialmente ambígua, sendo outros modelos de cultura as tentativas de impor um modelo de ordem quando não existe ordem (McAuley; Duberley; Johnson, 2007, p. 92). A perspectiva pós-modernista modifica a visão da cultura organizacional tanto na perspectiva funcionalista quanto na interpretativa, pois existe um reconhecimento de múltiplas interpretações e uma complexidade de relações entre os diferentes aspectos da cultura (McAuley; Duberley; Johnson, 2007, p. 269).

Considerações finais

As perspectivas metateóricas – funcionalista, interpretativa, crítica e pós-moderna – abordadas nesse capítulo demarcam novos caminhos para que as teorias e práticas da comunicação no contexto das organizações sejam observadas e questionadas. A exploração das interfaces demonstra que é imprescindível o desenvolvimento de estudos de comunicação organizacional em cada metateoria apresentada, explorando seu conhecimento, sua validação e suas práticas. Devem-se ter em mente os cuidados com os limites ontológicos e epistemológicos quando multiabordagens são consideradas. Com base nesse quadro reflexivo poderemos responder a questões deste tipo: Como nós estamos enquanto campo de estudos de desenvolvimento de conhecimento? Que novas interfaces podem ser geradas desse conhecimento? Qual o nível de relevância desse conhecimento para os profissionais? Para que se possa ampliar a validade de nossas alegações sobre aspectos epistemológicos, precisamos refletir sobre aquilo que fazemos e como o fazemos. Essas reflexões podem contribuir para o incremento do nível teórico e do objeto, ou seja, como as teorias e os modelos podem ser desenvolvidos e como o fenômeno organização vem sendo estudado pela Comunicação Organizacional.

A abordagem relacionada à cultura e à comunicação organizacional nos permite evoluir no sentido de promover uma reflexão quanto a visualizar o desenvolvimento de novos estudos que estarão evidenciando muito mais a comunicação como processo de interação e de geração de conhecimento, ao invés de a comunicação ser vista como uma ferramenta.

Conquergood (1991, p. 184) convida a repensar a identidade e cultura como "construção e relacionamento" (*constructed and relational*). Eisenberg e Riley (2001, p. 316) sugerem que consideremos "organizar e estruturar como relacionamento comunicativo". Se realmente considerarmos esta perspectiva, vamos entender como as interações são desenvolvidas nas relações comunicativas e como o discurso cria uma realidade e possibilita que as pessoas interajam. Culturas de relacionamento surgem com o objetivo de promover o desenvolvimento do ser humano, sendo a comunicação sua gênese.

Os espaços organizacionais devem ser permeados por relações comunicativas nas quais concordaremos e discordaremos de uma forma produtiva, o que quer dizer que por meio do diálogo se chega a realidades comuns e de desenvolvimento humano. Nesse sentido, há uma mudança de visão organizacional, na qual não mais "comunicamos" uma realidade, e sim a construímos de forma a facultar que as pessoas cresçam e entendam aquilo que se cria. Essa visão condiz com a argumentação de McPhee e Zaug (2000, p. 3), segundo a qual a organização é efeito da comunicação e não sua predecessora. O que estaremos vendo nos ambientes organizacionais é uma ação de tal maneira interativa e comunicativa que esta interação por meio de discursos dará vida a uma organização. Em outras palavras, o fluxo de informação existe e é fundamental para a vida de uma organização, mas a natureza simbólica da comunicação (Putnam; Philips; Chapman, 1999, p. 383) "reforça a posição de que comunicação produz organização", trazendo a sustentabilidade do empreendimento.

Referências bibliográficas

ACKROYD, S.; FLEETWOOD, S. *Realist perspectives on management and organizations*. London: Routlegde, 2000

ALLEN, B. H.. Social Constructionism. In: MAY, S.; MUMBY, D. (coords.). *Engaging organizational communication theory & research*: multiple perspectives. Beverly Hills, CA: Sage, 2005. p. 35-54.

ALVESSON, M.; WILLMOTT, H. C. *Making sense of management*: a critical introduction. London, England: Sage, 1996.

BARKER, J. R. *The discipline of teamwork:* participation and concertive control. Beverly Hills, CA: Sage, 1993.

BANTZ, C. Naturalistic research traditions. In: PUTNAM, L.; PACANOWSKY, M. E. (coords.). *Communication and organizations*: an interpretive approach. Beverly Hills, CA: Sage. 1983. p. 55-71.

BERGER, P. L.; LUCKMAN, T. *The social construction of reality*: a treatise in the sociology of knowledge. Garden City, NY: Anchor Books, 1966.

BORMANN, E. G. Symbolic convergence: organizational communication and culture. In: PUTNAM, L.; PACANOWSKY, M. E. (coords.). *Communication and organizations*: an interpretive approach. Beverly Hills, CA: Sage, 1983. p. 99-122.

BURREL, G.; MORGAN, G. *Sociological paradigms and organizational analysis*. London: Heinemann, 1979.

CHENEY, G.; LAIR, D. Theorizing about rhetoric and organizations: classical, interpretive, and critical aspects. In: MAY, S.; MUMBY, D. (coords.). *Engaging organizational communication theory & research*: multiple perspectives. Beverly Hills, CA: Sage, 2005.

CONQUERGOOD, S. Rethinking ethnography: towards a critical cultural politics. *Communication Monographs*, n. 58, p. 179-194, June 1991.

CONNERTON, P. Introduction. In: CONNERTON, P. (coord.). *Critical sociology*: selected readings. Harmondsworth, NY: Penguin Books, 1976.

DEETZ, S.; KERSTEN, A. Critical models of interpretive research. In: PUTNAM, L.; PACANOWSKY, M. E. (coords.). *Communication and organizations*: an interpretive approach. Beverly Hills, CA: Sage, 1983. p. 147-172.

DEETZ, S. Critical theory. In: MAY, S.; MUMBY, D. (coords.). *Engaging organizational communication theory & research*: multiple perspectives. Beverly Hills, CA: Sage, 2005.

EISENBERG, E.; RILEY, P. Organizational culture. In: JABLIN, F.; PUTNAM, Linda (Eds.). *The new handbook of organizational communication*: advances in theory, research, and methods. Thousand Oaks, CA: Sage Publications, 2001. p. 291-322.

JOHNSON, H. R. *Communication: the process of organizing*. Boston, MA: Allyn and Bacon, 1981.

LINSTEAD, S.; GRAFTON-SMALL, R. On reading organizational culture. *Organizations Studies*, n. 13(3), p.331-355, 1992.

MARCHIORI, M. *Cultura e comunicação organizacional*. São Caetano do Sul: Difusão, 2006.

MARCHIORI, M. Cultura e comunicação organizacional: uma perspectiva abrangente e inovadora na proposta de inter-relacionamento organizacional. In: MARCHIORI, M. (org.). *Faces da cultura e da comunicação organizacional*. São Caetano do Sul: Difusão, 2006. p. 77-94.

MAY, S.; MUMBY, D. (eds.). *Engaging organizational communication theory & research: multiple perspectives*. Beverly Hills, CA: Sage, 2005.

MCAULEY, J.; DUBERLEY, J.; JOHNSON, P. *Organization theory*: challenges and perspectives. Harlow, England: Pearson Education, 2007.

MCPHEE, R. D.; ZAUG, P. The communicative constitution of organizations: a framework for explanation. In: THE WESTERN STATES COMMUNICATION ASSOCIATION CONVENTION, 2000, *Anais*... San Francisco, CA: Organizational Communication, 2000.

MORREALE, S. P.; SPITZBERG, B. H.; BARGE, K. J. 2nd..ed. Human communication: motivation, knowledge, and skills. United States, Thomson Wadsworth, 2007.

PACANOWSKY, M. E.; TRUJILLO, 1 N. *Communication and organizational cultures*. Western journal of speech communication, 46, p. 115-130, 1982.

PUTNAM, Linda L. The interpretive perspective: an alternative to functionalism. In: PUTNAM, Linda L.; PACANOWSKY, M. E. (eds.). *Communication and organizations*: an interpretive approach Beverly Hills, CA: Sage, 1983. p. 31 – 54.

PUTNAM, Linda L.; PHILLIPS, N.; CHAPMAN, P. Metaphors of communication and organization. In: CLEGG, S. R.; HARDY, C.; NORD, W. R. (eds.). *Managing organizations*: current issues. London, UK: Sage, 1999. p. 375-402.

PUTNAM, Linda L.; PACANOWSKY, M. E. (eds.). *Communication and organizations*: an interpretive approach Beverly Hills, CA: Sage, 1983.

RITZER, G. *Metatheorizing in sociology*. Lexington, Massachusetts: Lexington Books,.1991.

ROMANI, L. How we talk about culture: overview of the field of culture and management. *Academy of Management*, Philadelphia, Pennsylvania, 2007.

SMIRCICH, L. Implications for management theory. In: PUTNAM, Linda L.; PACANOWSKY, M. E. (eds.). *Communication and organizations:* an interpretive approach. Beverly Hills, CA: Sage, 1983. p. 221 – 241.

TAYLOR., B. Postmodern theory. In: MAY, S.; MUMBY, D. (eds.). *Engaging organizational communication theory & research:* multiple perspectives. Beverly Hills, CA: Sage, 2005. p. 113–140.

TRETHEWEY, A. Organizational culture. In: BYERS, P. Y. (ed.). *Organizational communication*: theory and behavior. Needham Heights, MA: Allyn and Bacon, 1997. p. 203-234.

TRUJILLO, N. Performing Mintzberg's roles: the nature of managerial communication. In: PUTNAM, L.; PACANOWSKY, M. E. (eds.). *Communication and organizations*: an interpretive approach. Beverly Hills, CA: Sage, 1983. p. 73 – 97.

WEICK, Karl. *Sensemaking in organizations.* Thousand Oaks, CA: Sage Publications, 1995.

WESTWOOD, R.; CLEGG, S. *Debating organization*: point-counterpoint in organization studies. Oxford, UK: Blackwell Publishing, 2003.

YOUNG, E. On the naming of the rose: interests and multiple meanings as elements of organizational culture. *Organization Studies*, v. 10, n. 2, p. 187-206, 1989.

SOBRE OS AUTORES

Ana Thereza Nogueira Soares

Doutoranda em Sociologia na Universidade Federal do Rio de Janeiro (UFRJ), mestre em Sociologia pela Universidade Federal de Minas Gerais (UFMG), especialista em Informação Internacional pela Universidad Complutense de Madrid, bacharel em Comunicação Social – Relações Públicas pela Pontifícia Universidade Católica de Minas Gerais (PUC-Minas), professora dessa instituição e membro do grupo de pesquisa Comunicação no Contexto Organizacional: Aspectos Teórico-Conceituais (PUC-Minas/CNPq).

Antônio Fausto Neto

Graduado em Jornalismo (1972) pela Universidade Federal de Juiz de Fora (UFJF), mestre em Comunicação (1977) pela Universidade de Brasília (UnB), doutor em Sciences de La Comunication et de l'Information pela École des Hautes Études en Sciences Sociales (1982) e com estudos de pós-doutorado na Universidade Federal do Rio de Janeiro (UFRJ). Atualmente é consultor *ad hoc* da Capes e da Fundação Carlos Chagas, membro do comitê científico de Artes e Comunicação do CNPq, professor-titular da Universidade do Vale do Rio dos Sinos (Unisinos). Cofundador da Associação Nacional de Programas de Pós-Graduação em Comunicação - Compós. Autor dos livros *Mortes em derrapagem* (1991), *O impeachment da televisão* (1995), *Ensinando à TV Escola* (2001), *Desconstruindo os sentidos* (2001), *Lula Presidente: televisão e política na campanha eleitoral* (2003), dentre outros.

Carine F. Caetano de Paula

Graduada em Relações Públicas pela Pontifícia Universidade Católica de Minas Gerais (PUC-Minas) e especialista em Comunicação e Gestão Empresarial pelo Instituto de Educação Continuada da

PUC-Minas (2003). Graduada em Ciências Sociais na Universidade Federal de Minas Gerais (UFMG). Lecionou no curso de Comunicação Integrada da PUC-Minas, na cidade de Arcos (2006), e atualmente é professora do curso de graduação em Relações Públicas – ênfase em Comunicação Organizacional, do Centro Universitário UNA (Belo Horizonte, MG).

Euclides Guimarães

Tem graduação em Ciências Sociais (1983) pela Universidade Federal de Minas Gerais (UFMG) e mestrado em Comunicação e Cultura (2000) pela Universidade Federal do Rio de Janeiro (UFRJ). Atualmente é professor-titular da Pontifícia Universidade Católica de Minas Gerais (PUC-Minas) e professor-assistente da Fundação Mineira de Educação e Cultura (Fumec). Tem experiência no campo da Sociologia, com ênfase em fundamentos da área. Pesquisa, principalmente, os seguintes temas: experiência do espaço, tecnologias virtuais, contemporaneidade.

Fábia Lima

Graduada em Comunicação Social – Relações Públicas (1999) pela Pontifícia Universidade Católica de Minas Gerais (PUC--Minas) e especialista (2003) em Gestão Estratégica de Marketing pelo Instituto de Educação Continuada (IEC) da PUC-Minas. Foi professora nos cursos de Comunicação Social das Faculdades Integradas do Oeste de Minas (Fadom), de 2005 a 2006, e da Universidade Federal de Minas Gerais (UFMG), em 2006. Atualmente, é mestranda em Comunicação Social na PUC-Minas, professora na mesma instituição e na Faculdade Brasileira de Ensino Superior (Fabrai), além de consultora na área de Planejamento de Comunicação Organizacional.

Julio Pinto

Doutor pela University of North Carolina (1985), fez estudos de pós-doutoramento na Universidade Católica Portuguesa, de Lisboa, em 1992. Foi professor da University of North Carolina at Chapel Hill e coordenador do Programa de Pós-graduação em Letras da Universidade Federal de Minas Gerais (UFMG). Implantou o Programa de Pós-graduação em Comunicação Social dessa mesma instituição. Atualmente é professor de Semiótica e coordenador do Mestrado em Comunicação Social da Pontifícia Universidade Católica de Minas Gerais (PUC-Minas), pesquisador e consultor *ad hoc* do CNPq, da Capes e do Inep. Autor de vários livros, entre os quais *The reading of time* (Berlin, Mouton de Gruyter), *1, 2, 3 da semiótica* (Belo Horizonte, UFMG), *O ruído e outras inutilidades* (Belo Horizonte, Autêntica), também publicou inúmeros artigos em periódicos no Brasil e no Exterior. Seus principais interesses de pesquisa são: semiótica, teoria da comunicação, filosofia da linguagem, teoria da imagem, cinema e TV, poéticas audiovisuais, teoria literária e tradução intersemiótica.

Ivone de Lourdes Oliveira

Graduada em Comunicação Social (1978) pela Pontifícia Universidade Católica de Minas Gerais (PUC-Minas), fez curso de aperfeiçoamento em Planejamento de Comunicação (1979) no Centro Internacional de Estudo Superior da Comunicação Para a América Latina, especialização em Comunicação Rural (1989) na Universidade Federal de Pernambuco (UFRPE) e em Comunicação Integrada (1987) na Pontifícia PUC-Minas, mestrado em Ciências da Comunicação (1993) na Escola de Comunicações e Artes da Universidade de São Paulo (ECA-USP) e doutorado em Comunicação e Cultura (2002) na Universidade Federal do Rio de Janeiro (UFRJ). É professora e diretora da Faculdade de Comunicação e Artes da PUC-Minas, além de coordenadora do grupo de pesquisa Comunicação no Contexto Organizacional: Aspectos

Teórico-Conceituais (PUC-Minas/CNPq), além de coautora do livro
o que é comunicação estratégica nas organizações?. Vice-presidente da
Associação Brasileira de Pesquisadores em Comunicação Organizacional e de Relações Públicas (Abrapcorp).

Maria Ângela Mattos

Doutorou-se em Comunicação e Cultura (2002) pela Universidade
Federal do Rio de Janeiro (UFRJ). É professora e pesquisadora da
Pontifícia Universidade Católica de Minas Gerais (PUC-Minas),
ministrando as disciplinas Pensamento Comunicacional Contemporâneo e Teoria e Pesquisa em Comunicação, na pós-graduação
(mestrado) e na graduação, respectivamente. Supervisiona e orienta
projetos experimentais dessa instituição. Integra o grupo de supervisores do Centro de Pesquisa em Comunicação da PUC-Minas e é
líder do grupo de pesquisa Campo Comunicacional e Suas Interfaces
(PUC-Minas/CNPq), dedicado à metapesquisa, em suas dimensões
teórico-epistemológica e metodológica.

Marlene Marchiori

Pós-doutora em Comunicação Organizacional pela Purdue University, dos Estados Unidos e doutora pela Escola de Comunicações
e Artes da Universidade de São Paulo (ECA-USP), também desenvolveu estudos no Theory, Culture and Society Centre da Notthingham Trent University, do Reino Unido. Tem graduação em
Administração e em Comunicação Social – Relações Públicas. Pesquisadora nas áreas de Cultura Organizacional, Comunicação Organizacional, Comunicação Interna e Relações Públicas, é professora de graduação e de pós-graduação da Universidade Estadual de
Londrina (UEL). Consultora nas áreas de Cultura e Comunicação
Organizacional, ministra cursos para a Aberje, como professora-

-convidada. Publicou *Cultura e comunicação organizacional* e organizou *Faces da cultura e da comunicação organizacional*.

Rudimar Baldissera

É graduado em Relações Públicas (1989) pela Universidade de Caxias do Sul, especialista em Gestão de Recursos Humanos (1997) pela Universidade do Vale do Rio dos Sinos (Unisinos), mestre em Ciências da Comunicação (1999) pela mesma instituição e doutor em Comunicação Social (2004) pela Pontifícia Universidade Católica do Rio Grande do Sul (PUC-RS). Atualmente é professor e pesquisador na Universidade Federal do Rio Grande do Sul (UFRGS). Tem experiência na área de Comunicação, com ênfase nos seguintes temas: relações públicas, comunicação organizacional, discursos, identidade e processos identificatórios, imagem-conceito, cultura, comunicação turística e estratégia. Publicou artigos, capítulos de livros e a obra *Comunicação organizacional: o treinamento de recursos humanos como rito de passagem* (2000).

Teresinha Maria de Carvalho Cruz Pires

Tem graduação em Comunicação Social – Jornalismo (1983) pela Universidade Federal de Minas Gerais (UFMG), mestrado em Sociologia (1992) pela mesma instituição e doutorado em Comunicação e Cultura (2002) pela Universidade Federal do Rio de Janeiro (UFRJ). É professora do Programa de Pós-Graduação em Comunicação Social – Interações Midiáticas, da Pontifícia Universidade Católica de Minas Gerais (PUC-Minas), sendo responsável pelas disciplinas Midiatização da Esfera Pública e Metodologias de Pesquisa em Comunicação. Participa do grupo de pesquisa Mídia e Narrativa (PUC-Minas/CNPq) e desenvolve pesquisas na área de Comunicação Política.

Impressão:
Sermograf Artes Gráficas e Editora Ltda.
Rua São Sebastião, 199
Petrópolis – RJ